„Gib mir mal die große Pauke …“

# Musikgeragogik

Herausgegeben von
Theo Hartogh und Hans Hermann Wickel

Band 1

Waxmann 2012
Münster / New York / München / Berlin

Marlis Marchand

# „Gib mir mal die große Pauke …“

Musikalische Gruppenarbeit
im Altenwohn- und Pflegeheim

Ein Praxisbuch

Waxmann 2012
Münster / New York / München / Berlin

**Bibliografische Information der Deutschen Nationalbibliothek**
Die Deutsche Nationalbibliothek verzeichnet diese Publikation in der Deutschen Nationalbibliografie; detaillierte bibliografische Daten sind im Internet über http://dnb.d-nb.de abrufbar.

**Musikgeragogik, Bd. 1**

ISSN 2195-142X
ISBN 978-3-8309-2749-5


Steinfurter Straße 555, 48159 Münster

www.waxmann.com
info@waxmann.com

Umschlaggestaltung: Christian Averbeck, Münster
Satz: Stoddart Satz- und Layoutservice, Münster
Fotos: Matthias Holtz Fotostudio, Münster
Druck: CPI Books GmbH, Leck

Gedruckt auf alterungsbeständigem Papier, säurefrei gemäß ISO 9706

Printed in Germany

# Inhalt

# Vorwort der Herausgeber

In den zurückliegenden Jahren hat sich vor dem Hintergrund des demografischen Wandels und der zunehmenden Nachfrage nach musikbezogenen Angeboten für ältere Menschen Musikgeragogik als eigenständige Disziplin im Schnittfeld von Musikpädagogik und Geragogik entwickelt. In (Senioren-)akademien und -universitäten, Musikschulen, Alteneinrichtungen, Kirchengemeinden, Volkshochschulen und anderen Institutionen entstehen Musizier- und Singangebote mit einem breiten und vielfältigen Spektrum. Vorrangige Motivation der Teilnehmerinnen und Teilnehmer sind die Freude an der Musik und das Wissen, dass aktives Musizieren und Musikhören im dritten und vierten Lebensalter sinnvolle Freizeitbeschäftigungen sind, die maßgeblich zur Steigerung der Lebensqualität und Lebenszufriedenheit beitragen. Die aktive Beschäftigung mit Musik hat unmittelbare Auswirkung auf den Menschen und die Transfereffekte des Musizierens können gezielt unterstützt und genutzt werden, z.B. zur Beziehungsgestaltung oder Alltagsstrukturierung in der Betreuung und Pflege, zum Erhalt der Identität dementiell erkrankter Menschen oder zur Initiierung und Intensivierung sozialer Kontakte. Musikgeragogik thematisiert also zum einen musikalische Bildung und musikalisches Lernen im Alter, zum anderen interessiert sie sich für die Auswirkungen des Musizierens auf die Musizierenden und ihr Umfeld.

Mit dieser Buchreihe möchten die Herausgeber Publikationen zu den theoretischen Grundlagen der Musikgeragogik und – wie im vorliegenden ersten Band dieser Reihe – konkrete Praxishilfen von renommierten Musikgeragoginnen und Musikgeragogen der interessierten (Fach-)öffentlichkeit zugänglich machen.

Wir danken dem Waxmann-Verlag, der sich sofort für das Thema dieser Buchreihe begeisterte und das Projekt redaktionell und grafisch mit großem Engagement ermöglicht. Wir wünschen dem ersten Band eine weite Verbreitung, damit viele interessierte Leserinnen und Leser vom professionellen Selbstverständnis und von den musikgeragogischen Erfahrungen Marlis Marchands profitieren können.

Theo Hartogh & Hans Hermann Wickel

www.musikgeragogik.de

# Einleitung

Die musikalischen Angebote in der Wohn-, Tages- und Pflegeheimbetreuung alter Menschen gewinnen zunehmend an Bedeutung und Wertschätzung. Unterschiedlichste Formen finden ihren Platz, ob der Singkreis, der Tanztee, das generationenübergreifende Singen und Musizieren, der Konzertvortrag, die musikalische Einzelarbeit oder auch offene musikalische Gruppenangebote. Diese Vielfältigkeit ist gut und wichtig, um den unterschiedlichen Bedürfnissen der Bewohner und auch den Möglichkeiten der unterschiedlichen Häuser und Mitarbeiter zu entsprechen. Die in diesem Buch vorgestellte musikalische Gruppenarbeit reiht sich ein in das Feld der Möglichkeiten, für das ich werben möchte.

In vielen Veröffentlichungen sind die wissenschaftlichen Erkenntnisse und Erfahrungen der Wirkfaktoren durch musikalische Aktivitäten beschrieben. Dieses gilt auch für die Beschreibung und das Erleben der Demenzerkrankung. Darauf möchte ich in diesen Ausführungen nicht näher eingehen, sondern auf das Literaturverzeichnis verweisen.

In der wissenschaftlichen Demenzforschung ist der Fokus überwiegend darauf gerichtet, wie sich Demenz verhindern oder aufhalten lässt. Diese Fragen sind richtig und wichtig. In der Praxis müssen wir uns aber nicht nur der Aufgabe stellen, wie wir es schaffen, den von Demenz Betroffenen möglichst lange in „unserer Welt“ zu halten, sondern wie es uns gelingen kann, immer wieder Brücken zu bauen, die uns einen Zugang in die veränderte Welt des Demenzerkrankten erlauben. Wir dürfen uns sehr offen und hoffnungsvoll der Frage zuwenden, was von Demenz betroffene Menschen brauchen und was sie auch lernen können, um dem Verlust ihrer geistigen und körperlichen Fähigkeiten würdevoll zu begegnen. Das bedeutet, dass wir als begleitende Menschen diesem „Weniger-Werden“ von Selbstständigkeit, Denkfähigkeit, Orientierungsfähigkeit, Entscheidungsfähigkeit, dem „Weniger-Werden“ des Erinnerns, der Sprache und der Bewegungen eine Berechtigung erteilen im Krankheitsverlauf oder im natürlichen Prozess des Alterns. Nur ohne Furcht kann uns eine würdevolle Begegnung mit demenziell veränderten Menschen gelingen.

Der pflegerische und geragogische Auftrag in der Arbeit mit alten Menschen in der Pflege- und Heimsituation ist die Stabilisierung und Verlangsamung des Krankheitsverlaufs und eine Verminderung der psychischen und körperlichen Begleitsymptome. Sehr einvernehmlich sind dabei in den letzten Jahren Grundsätze entwickelt worden, die für den Erhalt oder die Wiederherstellung der Lebensqualität wichtige Leitlinien sind (in Anlehnung an Bear, Innenwelten, S. 152ff.). Die Haltung der Institutionen und der begleitenden Mitarbeiter gegenüber dem Bewohner haben Regeln:

1. Wir begegnen dem alten Menschen mit Achtung, Würde und Wertschätzung.
2. Wir beachten Fähigkeiten und Kompetenzen, wir entdecken Ressourcen.
3. Wir unterstützen alles, was der Erhaltung der Identität dient.

4. Wir ermöglichen Beziehung und Kontakt.
5. Wir fördern die Wahrnehmung des Erlebens.

Der zentrale Inhalt unserer Arbeit liegt in der Begegnung. Nur in der echten und ernsthaften Begegnung kann ich würdigen, entdecken, unterstützen und begleiten. Auch wenn manchmal der Begriff „aktivieren" fällt, ist es wichtig zu wissen: Erst die Begegnung gibt einer Aktion einen Sinn, erst im Gegenüber und mit einer Resonanz erfahren wir Menschen einen Teil unserer Identität.

Aus der Praxis heraus möchte ich methodische Anregungen und Ideen weitergeben. Dieses Buch enthält Lieder und Spielideen, die aus der Arbeit mit der Gruppe entstanden sind. Es beschreibt auch den Weg der Entwicklung. Dabei erzähle ich von Begebenheiten und Prozessen und damit auch sehr Persönliches von den mir anvertrauten Menschen. Und obwohl selbstverständlich die Namen geändert sind, könnte es trotzdem ein Verrat an der Vertrautheit sein. „Man muss auch das Allgemeinste persönlich darstellen", zitiert Arno Geiger in „Der alte König in seinem Exil", darüber hinaus glaube ich, dass es das Allgemeine gar nicht gibt: Jede Begegnung ist ein einmaliges Beispiel. Ich hoffe, dass es mir sprachlich gelingt, meine ernsthafte und ehrliche Haltung dem Einzelnen gegenüber deutlich zu machen und ich vertraue auf den würdevollen Umgang des Lesers mit diesen persönlichen Begegnungen.

Ich möchte den Leser mitnehmen in diese Gruppe und die theoretischen und methodischen Hinweise und auch die Erklärungen zu meiner eigenen geragogischen Haltung und zur Interventionsmöglichkeit nicht nur vorab erläutern, sondern aus der Beschreibung der Arbeit heraus verdeutlichen.

In meiner Arbeit mit alten Menschen, die zum Teil mit starken körperlichen, psychischen und geistigen Behinderungen leben, bin ich immer wieder fasziniert über die Lern- und Entwicklungsfähigkeiten, den Mut, sich auf Neues einzulassen und die Freude am Spiel und der kreativen Entfaltung. Vom Lernen in der Demenz wird noch zu wenig gesprochen. In der Musik erlebe ich es durch die zunehmende Leichtigkeit und Handlungsfähigkeit im klanglichen, kreativen Ausdruck und im musikalischen Miteinander. Auch die Zugänglichkeit und Offenheit zum eigenen Erleben gewinnt an Bedeutung. Das Vertrauen auf eine wohlwollende, wertschätzende und beschützende Umgebung kann wachsen.

Für die Gestaltung der einzelnen Stunden gilt der Grundsatz „Weniger ist mehr". Den unscheinbaren, kleinen Dingen Bedeutung und Aufmerksamkeit zu schenken ist wichtiger, als unzählige Spielmodelle hintereinanderzustellen. Ich biete hier keine „Stundenbilder", sondern versuche in Kapitel einzuordnen, was sich im Gruppengeschehen bezogen auf die einzelne Stunde und die Entwicklung über die Monate nicht wirklich so einteilen lässt. Natürlich kann ich dem Leser nicht verwehren, einfach nur zu blättern und ein Spielmodell zu übernehmen, ich empfehle aber das chronologische Lesen, weil damit nicht nur der Lernprozess in der Gruppe beschrieben wird, sondern auch mein Lernen als Leiterin.

Mein Wunsch für diese Veröffentlichung ist es, dem Leser methodische Ideen für die praktische Arbeit vorzustellen und von Erlebnissen zu berichten, die für die Entstehung der Spielmodelle ausschlaggebend waren. Ich möchte Mut machen, den eigenen kreativen Impulsen in der Begegnung mit den alten, uns anvertrauten Menschen zu trauen und den spielerischen Prozess bei sich selbst zuzulassen.

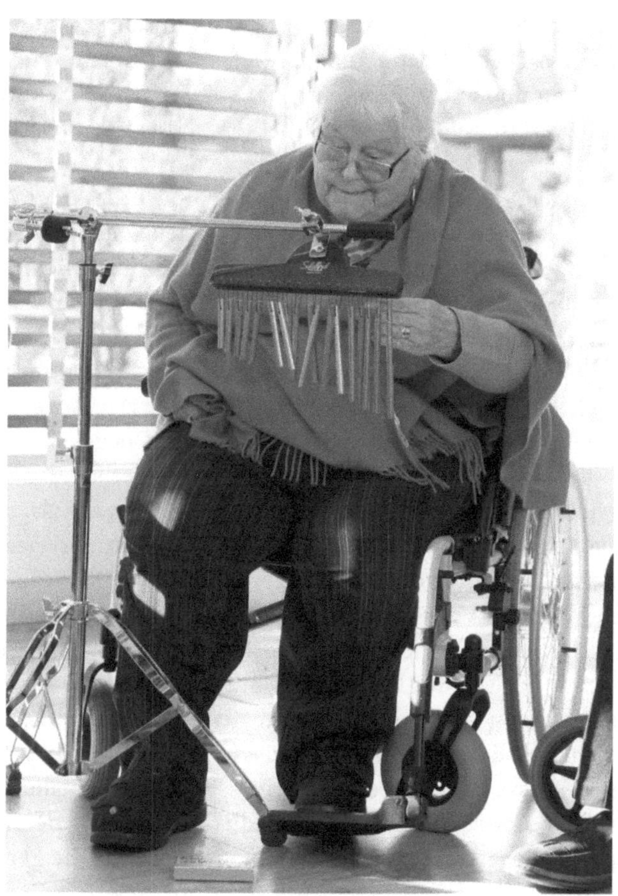

# Methodik der musikalischen Gruppenarbeit mit alten, mehrheitlich demenziell veränderten Menschen

Von allen musikalischen Aktivitäten ist mir persönlich das Musizieren in der Gruppe die Allerliebste. Vielleicht ist dieses schon ein Grund, warum mir diese Arbeit so ans Herz gewachsen ist. Sicher ist mir dabei die Einsicht, dass dieses Musizieren nur gelingen kann, wenn ich die Freude und Wertschätzung dazu in mir trage.

Kritische Stimmen warnen vor „Verkindlichung" der alten Menschen, wenn sie mit einem Schellenkranz in der Hand ein Lied rhythmisch begleiten. Diese Bedenken weise ich zurück. Die fröhliche, unbeschwerte Leichtigkeit darf im ganzen Leben einen Platz haben und auch wiederentdeckt werden. Das Spiel und das kreative, künstlerische Gestalten ist bei Kindern wie bei Erwachsenen eine sehr ernsthafte lebendige Auseinandersetzung mit sich selbst und seiner Umgebung.

Die alten Menschen, die in der Tagespflege oder im Pflege- oder Altenwohnheim untergebracht sind, können aufgrund körperlicher, geistiger und/oder psychischer Behinderungen bzw. Veränderungen ihren Lebensalltag nicht mehr alleine bewältigen. Das fortschreitende Schwinden von Gesundheit und Eigenständigkeit ist allgegenwärtiges Thema. Auch der Verlust von geliebten Mensch („Ich bin als einzige übriggeblieben.") und das Empfinden von Wertlosigkeit („Ich kann nichts mehr.", „Die warten nur darauf, dass ich sterbe.") ist bei vielen alten Menschen ein großer Teil ihrer Selbstwahrnehmung. Oft wurde der Umzug in ein Pflegeheim durch plötzliche Veränderungen (Schlaganfall, Stürze mit bleibenden körperlichen Schäden, Tod der Lebenspartner) nötig. Von Demenz betroffene Menschen haben dagegen schon eine lange Krankengeschichte erlebt. Langsam beginnt der Leistungsverfall des Denkens und wird im Erleben begleitet von Verunsicherung und Angst, Scham- und Schuldgefühlen, Trauer, Wut und Vereinsamung (ausführlich beschrieben in: Baer, Schotte, Das Herz wird nicht dement). Diesem Erlebenshintergrund steht ein enormer Überlebenswillen gegenüber. Stolz auf Lebensalter und Anzahl der Kinder und Enkel, auf Erfahrungen, Begabungen und Erlebnisse (Berufe/Ferienreisen), Lust auf Heiterkeit und Unbeschwertheit und ein, wenn auch meist leiser, Kampf um Selbstbehauptung, dazu Geduld und Gelassenheit und eine unermessliche Individualität. Auch wenn es parallele Krankheitsverläufe in den unterschiedlichen Formen der Demenzerkrankung gibt, der persönliche Umgang damit ist so vielfältig wie die Personen.

Die musikalische Arbeit bietet Möglichkeiten mit vielfältigen Inhalten:

***In Bewegung kommen***

Musik ist ein dynamischer Prozess und vollzieht sich im Moment des Geschehens beim Musizierenden wie beim Hörer. Diese Schwingungen entstehen nur durch Bewegungen und die Schwingungen lösen wiederum Bewegungen aus: körperliche, geistige und emotionale. Musik hilft, Erstarrung und Antriebsarmut zu begegnen, indem körperliche Bewegungen aktiviert werden. Damit können geistige und emotionale Verknüpfungen hergestellt werden.

Musik hilft, dem Bewegungsdrang und einer unbestimmten Unruhe Ausdruck und Richtung zu geben. Indem die scheinbar ziellosen Bewegungen hörbar werden, erfahren sie einen Grund und können als sinnvoll erlebt werden.

***Leere Räume und leere Zeiten mit Lebendigkeit füllen***

Musik verschafft Lebensqualität, weil sie zu den menschlichen Grundbedürfnissen gehört. Musik ist sinnlicher und geistiger Eindruck und Ausdruck. Dabei ist Lebendigkeit auch in der Stille erfahrbar, und nur dadurch, dass der CD-Player „dudelt", ist noch keine Leere gefüllt.

Im Altenpflegeheim ist die sinnvolle Gestaltung der großen Menge an Zeit, die den Einzelnen am Tag umgibt, ein wesentlicher Faktor, zumal die eigene Gestaltungsmöglichkeit der Menschen sehr eingeschränkt ist und das Verständnis und Empfinden von Zeitabläufen abnimmt. Musik hilft, Strukturen zu schaffen. Auch eine scheinbar passive Teilnahme am musikalischen Miteinander, beim Hören von Musik, beim Singen oder aktivem Musizieren, kann dem Erhalt oder der Schaffung von Lebensqualität dienen, auch über das geschäftige, sinnlos anmutende Tun können Menschen ein Selbsterleben erfahren.

***Sinnliche Wahrnehmung aktivieren***

Fühlen, Hören, Sehen, Schmecken, Riechen – mit unseren Sinnen erfassen wir unsere Umwelt, machen lebenswichtige Erfahrungen, die mit Gefühlen verbunden sind. Je wichtiger die emotionale Bedeutung der Erfahrungen, desto tiefer wird diese im Gedächtnis gespeichert. Wenn die Gedächtnisleistungen zunehmend weniger abrufbar sind, wird die Bedeutung des sinnlichen, körperlichen und emotionalen Gedächtnisses wichtiger und es ist eine große Chance, durch Aktivierung dieser Sinne, Verknüpfungen zu Erfahrungen und Erinnerungen herzustellen. Musik und Musizieren ist nicht nur ein akustischer Sinneseindruck, sondern auch ein haptischer und ein visueller (und auch in gewisser Weise den Geschmackssinn betreffend, wenn wir vom süßen oder satten Klang sprechen). Neben der Musik und den Instrumenten werden daher auch andere Materialien eingesetzt.

***Sprachlosigkeit überwinden***

Musik ist ein Medium der Verständigung. Wenn Worte und Sprache nicht mehr in Sinnzusammenhängen verständlich sind, bieten Töne, Klänge und Rhythmen eine Alternative.

Musik ermöglicht Verknüpfungen, sodass zu alt vertrauten Melodien plötzlich die Worte des Liedes wieder präsent sind oder Sprache mit Hilfe von rhythmischen Motiven als vertraute Ausdrucksform reaktiviert werden kann.

### *Ressourcen beleben*

Für die Menschen aller Kulturen ist Musik ein mehr oder weniger bedeutender Teil ihres persönlichen und gesellschaftlichen Lebens. Vom Wiegenlied bis zur Nationalhymne, jeder Mensch kennt Musik, singend, hörend, tanzend oder am Instrument spielend sind bei jedem Menschen musikalische Ressourcen vorhanden. Manchmal sind diese Kompetenzen und Erinnerungen ein angenehmer und stolzer Teil persönlicher Identität, manchmal aber auch einer, der mit negativen Gefühlen des Unvermögens („Ich bin unmusikalisch!") erinnert wird und daher lieber verdeckt gehalten bleibt.

### *Eigene Wirksamkeit spüren*

Beim aktiven Musizieren ist die Wirkung der eigenen Handlung unmittelbar spürbar. Dieses Erleben der eigenen Handlungsmöglichkeit hat einen wesentlichen Anteil am Erhalt oder an der Wiedergewinnung der Selbstwahrnehmung und des Selbstwertgefühls. Musik hilft, sich selbst als kompetent zu erleben und Entscheidungen für sich selbst zu treffen.

### *Erinnerungen ermöglichen*

Die eigene Biografie, unsere Erinnerungen und Erfahrungen sind ein wesentlicher Teil unserer Identität. Musik dringt, weil so tief mit unseren Emotionen verbunden, in sehr frühe und weit verzweigte Erinnerungen zurück. Ein Lied oder Musikstück lässt Bilder der Erinnerung entstehen oder auch nur ein Gefühl, das vorherrschend ist: Glück oder Sehnsucht, Trauer oder Freude. In der Musik und in der Erinnerung mischen sich Gefühle – widersprüchliche Gefühle können gleichzeitig erlebt werden. Dieses Phänomen offenbart einen kleinen Aspekt der heilenden Wirkung von Musik. Verschiedene Pole des Erlebens finden einen Zusammenklang. Dabei gilt es sorgsam zu bedenken: Musik und Klänge können auch angstbesetzte Erinnerungen oder Traumata beleben oder an alltägliche Aufgaben erinnern, wenn ein Glockenton der Kirchturmuhr signalisiert: „Ich muss meine Tochter von der Schule abholen."

### *Zugehörigkeit und Kontakt erleben*

Musik verbindet, schafft Gemeinschaft, Zugehörigkeit und Geborgenheit. Menschen mit demenziellen Veränderungen machen zunehmend die Erfahrung, dass Ihnen zwischenmenschlicher Kontakt nicht gelingt, auch das Unverständnis dem Geschehen in der Umgebung gegenüber nimmt zu. In der Musik gelingt Kontakt, es gibt eine Übereinstimmung im Tun und oft auch im Erleben. Diese Übereinstimmung gibt Sicherheit und Wohlbefinden.

### *Spiel und Freude erleben*

Spiel braucht keine Vergangenheit und keine Zukunft, es geschieht im Moment des aktiven Handelns. Das Handeln ist eher von spontanen Impulsen als von einem Plan bestimmt und der Spieler erlebt seine Kompetenz und seine Wirksamkeit. Die

Leichtigkeit im Spiel legt Ressourcen frei, ohne dies zu beabsichtigen oder zu fordern.

***Neues Lernen zulassen***
Musik ist lernbar, auch in sehr hohem Alter und trotz demenzieller Erkrankungen, weil die grundsätzlichen Voraussetzungen in unserem Menschsein verankert sind. Damit ist nicht Musikunterricht im technischen Sinn gemeint, sondern der Zugang zu neuen Erfahrungen, die mit und durch die Musik gemacht werden können.

Das Setting der festen Gruppe ist ein wesentlicher Faktor zur Umsetzung der gerade genannten Inhalte. Denn für die Arbeit mit alten und demenziell veränderten Menschen gilt es, Vertrauen und Orientierung zu schaffen. Der gleiche Ort, der gleiche Tag und die Uhrzeit, das gleiche Setting, die gleichen Instrumente – all dies verschafft Sicherheit im Wiedererkennen. Auch die Strukturen im Stundenaufbau sind wesentlich. Klarer Anfang und klares Ende, viele Wiederholungen der Angebote, damit sie bekannt werden. Die Gruppe bietet eine Basis als Übungs- und Erlebnisraum. In einer fortlaufend gleich zusammengesetzten Gruppe kann eine vertraute Atmosphäre wachsen. Spielfreude und der zunehmende Mut, etwas Unbekanntes auszuprobieren, ist ansteckend, oder anders gesagt, entspricht dem Modelllernen. Die unterschiedlichen Persönlichkeiten mit ihren Stärken und Schwächen finden in der Gruppe ihren wichtigen Platz und ihre Bedeutung. Die Gruppe kann den Einzelnen mittragen, auch wenn dieser inaktiv ist oder wird.

Für die Leitung einer solchen Gruppe bedarf es einer behutsamen, beschützenden und wohlwollenden Haltung. Wir verfolgen in der musikalischen Arbeit keine festgelegten Ziele, sondern wir stellen einen Raum und die Zeit zur Verfügung, in der Möglichkeiten zum gelingenden Kontakt zu sich selbst und zu anderen Menschen entstehen können. Das musikalische Tun ist dabei aber mehr als nur ein Hilfsmittel. Das Lied, der Klang einer Improvisation und auch das Spielen eines eingeübten Instrumentalsatzes haben einen Eigenwert, dessen Bedeutung im Erleben spürbar, aber schwer zu beschreiben ist. Wäre es mit Worten zu erklären, bräuchten wir ja nicht die Musik. Schwingungen und Resonanzen im eigenen Erleben spielen dabei eine große Rolle und es gilt, sich darin zu üben, diese Schwingungen und Resonanzen wahrzunehmen.

In der Begegnung mit den alten Menschen ist eine ehrliche, aufrichtige und authentische Haltung eine wichtige Grundlage. Die wirkliche Wertschätzung und Achtung gegenüber dem Einzelnen mit seinen Eigenarten und Besonderheiten versetzt uns in die Lage, Zugang zur Erlebenswelt und zu den Bedürfnissen der uns anvertrauten Menschen zu gewinnen. Dabei gilt es immer wieder, Balancen zwischen möglicher Selbstbestimmung und nötiger Hilfestellung neu auszuloten, zwischen Motivation zur Handlung und Gewährenlassen des Rückzugs. Dieses Erspüren der Gefühlswelt des alten Menschen und seiner Bedürfnisse ist im Kontext der Gruppe oft schwierig. Auch hier gilt es, zwischen Anforderungen, die die Gruppe stellt, und dem Bedürfnis des Einzelnen die Balance zu halten. Aber die wohlwollende Haltung der Gruppe und dem Einzelnen gegenüber darf und sollte ich auch mir gegenüber haben: Es geht nicht alles auf einmal und zur gleichen Zeit, ich übersehe, ich überhöre etwas, ich mache Fehler, ich bin unsicher, mir fällt keine methodische Idee ein, all das darf sein und ist ein Teil des Prozesses in der Gruppe. Und es ist wichtig, dieses auch deutlich zu machen. Alte Menschen sind aufgrund ihrer Erfahrungen im Erspüren von Stimmungen sehr geübt und besonders für demenziell veränderte Menschen ist es im Verlauf ihrer Krankengeschichte überlebenswichtig geworden, sich auf die Wahrnehmung von Atmosphären zu verlassen, da die Gedächtnisleistungen keine verlässlichen Informationen liefern (Baer, Innenwelten, S. 81f.). So ist es wichtig, dass ich z.B. eine Unsicherheit in mir als solche auch kenntlich mache, damit die alten Menschen diese Stimmung nicht auf sich beziehen.

Jede Methode wird erst sinnvoll, wenn sie zu den handelnden Personen passt. Nur das Lied oder die Spielidee kann übernommen werden, die man selbst als Leitung für wertvoll hält, mit der man sich stimmig und richtig fühlt.

Bei den Tonlagen der Liedbeispiele habe ich eine von alten Menschen (vorwiegend Frauen) bevorzugte tiefe Lage gewählt, und es ist auch sinnvoll, in tiefen Lagen anzustimmen. Wenn das aber bedeutet, dass die Leitung als Modell und Sänger nicht mehr wahrnehmbar ist oder der Gesang mühevoll klingt, sollte transponiert werden. Die Teilnehmenden werden wie selbstverständlich oktavieren, ohne „Vorsänger“ aber eher zurückhaltend sein. Für einige Notensätze sind im Anhang alternative Tonlagen dargestellt.

# 1. Begrüßung

Ein großer Kreis im Tagesraum, die Tür ist nun endlich geschlossen. Mit Hilfe einiger Mitarbeiterinnen des Sozialen Dienstes sind alle Teilnehmenden der Musikgruppe (10 bis 16 Personen), von den Stationen hinuntergebracht. Es sind nur einige, die selbstständig den Weg mit ihrem Rollator schaffen, alle anderen können ihren Rollstuhl nicht selbst bewegen oder brauchen Hilfe aufgrund ihrer verminderten Orientierung.

Jeder hat seinen Platz im Kreis, seinen gewohnten Nachbarn, den meisten ist das sehr wichtig. Meine anfängliche Idee, die Sitzordnung durchlässiger und veränderbar werden zu lassen, habe ich verworfen. Der zufriedene Gesichtsausdruck, der erleichterte Klang im deutlichen Ausatmen, wenn „mein Platz" erreicht ist, machen es deutlich. Es gibt auch praktische Gründe, die die „Sitzordnung" bestimmt haben. Frau Barell sagt beispielsweise: „Ich brauche den Blick zum Fenster!" oder Herr Ribbert muss direkt an der Tür sitzen (er hockt die ganze Stunde auf seinem umgedrehten Rollator, als sei er immer auf dem Sprung). Frau Thale ist sehr schwerhörig, sie hat ihren Platz mir gegenüber, damit sie mich gut sehen kann. Frau Geldorf ist halbseitig gelähmt und im frühen Stadium demenzerkrankt, sie sieht eine wichtige Aufgabe darin, sich um Frau Zettel zu kümmern, die selbst auch nach einem Schlaganfall von Hemiparese und zusätzlich von Aphasie betroffen ist, darüber hinaus fortgeschrittener demenziell erkrankt ist. Frau Geldorfs Kümmern ist besorgt und mütterlich. „Ist sie nicht lieb heute ...", sie streichelt Frau Zettel den Arm oder hält ihre Hand. Oft genießt Frau Zettel diese Zuwendung, aber ich möchte sie im Blick haben. Ich interveniere, wenn ich merke, dass Frau Geldorf gerade kein Gespür für den Wunsch Frau Zettels nach Distanz hat. Frau Leyen und Herr Ribbert können einander nicht ausstehen. Sitzen sie sich gegenüber, ist ihre Feindschaft spürbar, sitzen sie nebeneinander, muss ich mir Sorgen machen, nachdem schon einmal ein Trommelschlegel beim Nachbarn im Gesicht landete. Ich platziere also Frau Leyen so, dass die beiden sich nicht sehen, um diese Spannung zunächst aus der Gruppe zu halten.

Die Achtsamkeit für die Entscheidung über einen Sitzplatz verdichtet schon einige Themen, die ich als Leiterin der Gruppe beachten muss und liefert auch Möglichkeiten zur hilfreichen Unterstützung. Ist die Frage: „Wo möchten Sie gerne sitzen?" für einige Teilnehmer eine Aufforderung, eine gute Entscheidung für sich zu treffen und diese wohl zu überlegen und auch Gründe dafür zu finden, ist es für andere eine verunsichernde Überforderung und eine Erleichterung, wenn ich den Platz aussuche und zuweise: „Hier ist Ihr Platz!"

Zu meiner Unterstützung nimmt an dieser Gruppe eine feste Mitarbeiterin aus dem Sozialen Dienst teil. Dies ist für die Gruppe ein großer Gewinn und viele inhaltliche Anteile sind nur durch die Unterstützung meiner Kollegin möglich. Ihr Platz ist dort, wo bei der Kreisbildung schon deutlich wird, wer ihre Nähe und Unterstützung in dieser Stunde am dringlichsten braucht.

Ich habe einen festen Platz im Kreis, rechts und links mit so viel Abstand, dass ich die Teilnehmer sehen kann, meine Gitarre steht bereit, Notenblätter liegen auf dem Tisch hinter mir, ein CD-Player und ein elektrisches Klavier (bei allen klanglichen Nachteilen ermöglicht das E-Piano den freien Blick zur Gruppe) stehen im Hintergrund.

In der Mitte unserer großen Runde liegen auf einer unifarbigen Decke Musikinstrumente ausgebreitet, Klanghölzer, Schellenkränze und -stäbe, Shaker, verschiedene Arten von Trommeln, Maracas (Handrasseln oder Rumbakugeln), Agogos, Kalabassen und Tamburine.

Die Musikgruppe findet regelmäßig zur gleichen Zeit im wöchentlichen Rhythmus statt und dauert 50 bis 60 min. Die Teilnahme wird durch den Sozialen Dienst angeregt und wird für ausgewählte Bewohner zu einer festen Einrichtung. Die Kriterien zur Auswahl basieren dabei unabhängig von Diagnosen oder Krankheitsphasen auf der Vermutung, dieses Angebot könnte dem infrage kommenden Menschen „gut tun". Die Entscheidung über die Teilnahme trifft der Bewohner selbst. Manche können das formulieren, bei anderen gilt es, deren Signale wahrzunehmen, ob die Teilnahme gewünscht ist. Über viele Jahre ist diese Gruppe somit eine geschlossene, aber aufgrund der Umstände natürlich eine im Fluss der Zeit. Manche Teilnehmer sterben plötzlich, für andere ist der Rückzug langsam und schleichend, er bedeutet auch einen Abschied von der Gruppe und neue Bewohner kommen hinzu.

Als Raum steht uns ein heller Tagungsraum zur Verfügung, der akustisch und optisch einen gewissen Schutzraum bietet und für die Bewohner einen Ortswechsel von ihren Wohngruppen bedeutet.

Bis alle Teilnehmer eingetroffen sind und ihren Platz eingenommen haben, vergehen oft noch geschäftige Momente, es wird geräumt und geschoben, hier ist ein Hallo und da ein Guten Morgen zu hören, ein Zuwinken oder Lächeln oder kurze Gespräche, da braucht noch jemand etwas zu Trinken, hier wurde noch ein Medikament vergessen. Die Stunde beginne ich erst, wenn die Tür geschlossen wurde und Ruhe eingekehrt ist.

Handgroße Pappschachteln, mit Goldpapier umklebt und mit den Namen beschrieben, liegen in der großen Handtrommel bereit. Ich begrüße jeden einzeln, lese seinen Namen vor, zeige die kleine Schatztruhe und lege sie vor den Sitz des Teilnehmers. Eine kleine Namensstütze für mich am Anfang und, so war die Idee, einen Ort für kleine Schätze zu haben, die zu sammeln im Verlauf der Stunden eine methodische Idee sein könnte. Aus der Schatztruhe sind schöne Wortspiele entstanden: „Gib mir mal den Goldbarren." oder „'Ne olle Schachtel für die olle Schachtel.". Manche sind beidseitig beschrieben, vielleicht war ein Fehler im Wort, der Vorname kam im Laufe der Zeit dazu und manchmal ein Kosename. Für „kleine Schätze" ist in dieser Goldschachtel Platz: die Kopie eines wichtigen Liedes, ein Bild, eine Geschichte oder eine kleiner Gegenstand, der bedeutend geworden ist.

Ich nehme mir viel Zeit, einen guten Kontakt zu jedem einzelnen herzustellen, durch einen langen Händedruck, einen Moment im direkten Augenkontakt und ein kurzes Gespräch.

Frau Barell hatte gerade einige Wochen in der Gerontopsychiatrie verbracht, ich freue mich, sie wiederzusehen und frage, wie es ihr geht. „Es ist nur Zufall, dass ich hier bin", sagt sie, „normalerweise wäre ich gerade in der Stadt, mein Sohn wollte mich eigentlich abholen." – „Das ist ein guter Zufall für mich. Ich freue mich, dass sie wieder da sind. Ich habe sie in den letzten Wochen an meiner Seite vermisst, Ihr Singen und Ihr Spielen." Nach einer sich zuspitzenden Messie-Symptomatik ist Frau Barells Ansehen bei den anderen Bewohnern stark gesunken, in der Musikgruppe war sie vorher sehr engagiert und geachtet, daran will ich anknüpfen.

Herr Dammer sitzt in seinem Rollstuhl und schläft. Er ist ein begeisterter Sänger und Fan von Schlagern und macht immer einen freundlichen und zufriedenen Eindruck. In den letzten Wochen ist er zunehmend zurückgezogen. Ich reibe sanft seine Schulter und spreche ihn vorsichtig an. „Hallo, Herr Dammer, darf ich Sie wecken oder möchten Sie noch schlafen." Er erwacht kurz, schaut mich mit großen Augen verwundert an, lächelt entschuldigend und beteuert sofort, dass er natürlich aufwachen möchte, um mit dem nächsten Atemzug wieder die Augen zu schließen. Ich berühre seine Arme und versichere ihm, dass er hier ruhig schlafen darf.

Frau Eckstein bemüht sich um eine aufrechte Haltung in ihrem Rollstuhl. Geplagt vom „Rheumatisimus", wie sie immer sagt, gelingt es ihr aber mit Anstrengung, mir ihre Hand entgegenzuhalten. „Ich möchte auch schlafen, darf ich das?" Sie kokettiert gerne damit, dass sie sich nur noch fürs Essen und Schlafen interessiert. „Nein, auf keinen Fall", ist meine Antwort, „ich werde Sie heute fordern, Sie werden später schlafen müssen." Wir zwinkern uns mittlerweile bei solch einem Wortwechsel zu und sind uns der gegenseitigen Zuneigung bewusst.

Frau Hörsterkamp ist erst seit einigen Wochen in der Gruppe. Sie hält sich mit beiden Händen an den Lehnen fest. Ihr Händedruck ist sehr vorsichtig und zurückhaltend, ihre Kopfhaltung geduckt zwischen hochgezogenen Schultern. Sie bemüht sich zu einem höflichen Lächeln. Ich wiederhole meinen Namen, sage, dass wir hier in dieser Stunde miteinander Singen und Musizieren und dass alles für sie ja noch sehr neu sei. „Ich weiß von Ihnen schon, dass Sie gerne singen." Sie nickt und lächelt.

Frau Lennard sitzt kurzatmig auf ihrem Lehnstuhl, sie wirkt abgehetzt, aber bereit dafür, dass es nun losgeht. Die Zeitung hat sie schon durch, sie weiß über alles Bescheid, was in der Welt passiert und auch im Haus. Jedes Bildungsangebot nimmt sie wahr, sie kommt selbstständig mit ihrer Gehhilfe und ist mit großem Engagement in dieser Gruppe.

Auch Frau Trab kommt alleine, sie hat schon einen weiten Spaziergang hinter sich, will ihre zwei Pullover und Fleecejacke aber lieber anbehalten, ihr ist nicht zu warm. Ein Tremor veranlasst sie dazu, sich am Stuhl festzuhalten oder auch ihren Arm an sich zu drücken.

Herr Altmann ist ein großer, schwerer Mann und auf den Rollstuhl angewiesen, da er sehr bewegungseingeschränkt ist. Sein Händedruck ist kaum zu spüren, seine Stimme leise und verschwommen, jede Bewegung ist wie in einem extremen Zeitlupentempo.

Herr Ribbert begrüßt mich mit kräftiger Stimme und festem Händedruck. Auf meine Frage, wie es ihm geht, war lange Zeit ein fast militärisch klingendes „Alles in bester Ordnung, Schwester." zu hören. Nachdem er mich und die Gruppe länger kannte, erzählt er oft von sich: Über körperliche Beschwerden oder seine Freude an den jungen, hübschen Krankengymnastinnen, die ihm heute schon die Beine geknetet haben. Einmal kommt er etwas zu spät und mit hochrotem Kopf. Er erzählt leise, eine Schwester hatte ihn – er sei schon fast hier gewesen – auf dem Flur zurückgepfiffen, weil er seine Sachen verkehrt herum angezogen hatte.

Frau Weiler sitzt mal im Rollstuhl, mal schafft sie es mit der Gehhilfe. Sie ist immer freundlich und fröhlich, ich stelle ihr keine Frage, da sie dies aufgrund ihrer Demenzerkrankung verwirrt. Ich nehme ihre Hand und sage ihr, was ich von ihr wahrnehme, z.B. „Ihre Hand fühlt sich so schön warm an, sie sehen zufrieden aus!", oder auch ein anderes Mal „müde" oder „erschöpft".

Auch meine Begrüßung mit Frau Zettel, der ich aufgrund ihrer Aphasie und Demenzerkrankung keine Fragen stelle, hat einen anderen Verbindungspunkt. Ihre Mimik ist ausdrucksstark und vielfältig. Ihre gesunde linke Hand ist aktiv, meine linke in ihrer, führt sie uns vor und zurück, auf und nieder, drückt sie uns mal an ihre Wange oder an meine, legt ihren Kopf zur Seite oder schüttelt ihn, mal aufgeregt, mal entspannt. Ich versuche Worte dafür zu finden und wünsche ihr einen guten Morgen.

Frau Gärtner ist neu im Haus und in der Gruppe, sie ist körperlich fit und demenzerkrankt. Eine kleine, drahtige Person, sie schaut zu Boden und schüttelt immer mal wieder mit zusammengekniffenen Lippen den Kopf. Ich sage meinen Namen und dass ich sie begrüßen möchte, hocke mich zu ihr hinunter und halte ihr meine Hand entgegen, da schnellt ihre Faust in mein Gesicht. Ich kann ausweichen und bin sehr erschrocken. Frau Gärtner lacht ganz herzlich und schaut mich offen an. „Sie haben doch nicht wirklich gedacht, ich würde Sie hauen, nein, das tue ich doch nicht." – „Gerade habe ich mich erschrocken, aber ich bin jetzt ganz froh, dass Sie so freundlich gucken." Intuitiv halte ich ihr nun beide Hände hin, so, als wollte ich auch beide Hände von ihr nehmen. Ich kann ihre folgenden Faustschläge, sie sind auch nicht wirklich feste, abfedern. Sie boxt eine Weile und versucht immer wieder mein Gesicht zu treffen. Ich wahre genug Distanz und es wird ein Kampfspiel mit unseren Händen, bis sich schließlich ihre Fäuste lösen und in meinen Händen liegen. Frau Gärtner ist gerade aus der Kurzzeitpflege von ihren Angehörigen in dieses Heim gebracht worden. Sie dachte, sie käme nach Hause, aber ohne ihr Wissen war ihre Wohnung schon aufgelöst.

Herr Kindler sitzt aufrecht in seinem Rollstuhl und hat die Augen geschlossen. Er macht zunehmend den Eindruck, als wollte er seine Ruhe und ich denke, seine Teilnahme an der Gruppe sollten wir bald beenden. „Herr Kindler, ich möchte Sie gerne begrüßen." Er öffnet die Augen, drückt kräftig meine Hand: „Guten Morgen, gnädige Frau, welches Problem gibt es heute zu erörtern?" Herr Kindler war Vorstandsvorsitzender einer großen Firma und schon in vielen Gesprächen trafen wir uns quasi auf der Vorstandsetage. Probleme und Lösungsstrategien, Kompetenzverteilung und Zeitplan, das sind die Vokabeln, in denen er Worte findet und immer wieder die Fragen: „Haben wir es im Griff? Kriegen wir das so hin?“ – „ Ja“, versichere ich ihm, „wir haben alles im Griff! Wir kriegen das so hin!“, und er schließt entspannt die Augen.

Frau Kortmann ist meine „Assistentin“. Sie sitzt immer an meiner linken Seite und übernimmt gerne tragende Aufgaben. Sie bemerkt, wenn ich etwas vergesse oder etwas übersehe und ist für alle Aktivitäten aufgeschlossen. Trotz einer Halbseitenlähmung und ihrem Platz im Rollstuhl wirkt sie aufrecht und kraftvoll. Sie begrüßt mich mit ausgestreckter Hand und fragt mich, wie es mir geht. Sie duzt sich mit fast allen Bewohnern und weiß über Besonderheiten der einzelnen Personen gut Bescheid.

Frau Heinz ist neu im Haus und in der Gruppe. Sie sitzt im Rollstuhl und leidet an ihren Gebrechen: Herz- und Atemprobleme. Ihre Schwäche strahlt eine Schutzbedürftigkeit aus und bewirkt eine große Vorsicht im Umgang mit ihr. Sie würde gerne an der Gruppe teilnehmen, aber oft entscheidet sie sich doch, dieses nicht zu tun, weil sie sich so schwach fühlt. Ich versichere ihr meine Rücksichtnahme und unsere Einstellung in der Gruppe, dass es auch möglich ist, dass sie nur zuhört und schaut, ohne etwas machen zu müssen.

Frau Leyen gelingt das Leben im Altenheim nicht gut. Sie war es gewohnt, umgeben von Hausbediensteten Anweisungen zu geben und musste in der Heimsituation erleben, wie ihr Verhalten auf Zurückweisung stieß. Sie lernte, ihre Ansprüche zurückzunehmen und ist dabei verstummt. Zusammengekauert sitzt sie in ihrem Rollstuhl, ihre Kopfhaltung ist dem Boden zugewandt. Bei meiner Begrüßung streckt sie sich aufrecht, ein offener, froher Blick und wir tauschen ein paar freundliche Worte aus: Über Opern- und Konzertbesuche, und ihre Kinder, die alle ein Instrument lernten, Sie entschuldigt den Zustand ihrer Stimme, es sei heute nicht gut. Früher hat sie Sopran gesungen, das geht nicht mehr.

Frau Geldorf fühlt meine Hand. Starkes Übergewicht und Halbseitenlähmung machen sie sehr unbeweglich. Ihr Kopf und Gesicht erzählen. In der normalen Konversation kann sie sich sprachlich gut verständigen, für außergewöhnliche Formulierung fallen ihr zunehmend die Worte nicht ein. Sie hält meine Hand, schüttelt den Kopf, lächelt mich an, ihre Nachbarin, auch die andere, schaut zum Boden, streichelt weiter meine Hand und plötzlich ist der Satz gesagt: „Diese Hände kennen Arbeit.“ Sie fühlt meine raue, rissige Haut an diesem Morgen und findet dafür so schöne Worte.

Frau Thale ist gestern 92 Jahre alt geworden, sie sitzt im Rollstuhl, hört und sieht nur noch sehr schlecht, ist aber in ihrer Wahrnehmung und ihrer sprachlichen Ausdrucksfähigkeit sehr feinfühlig. Sie strahlt die Aura einer weisen alten Frau aus. Ich gratuliere ihr bei der Begrüßung und sie hält lange meine Hand. Ihr laufen Tränen übers Gesicht und sie beginnt zu erzählen: „Nun bin ich schon so alt und mein ganzes Leben begleitet mich diese Traurigkeit. Ich hätte so gerne meine Tante wiedergetroffen, aber ich habe sie verloren.“ Auf meine Nachfrage hin erzählt sie uns allen in der Gruppe die Geschichte von der Eifersucht ihrer Mutter auf die junge Schwester, die Frau Thale so geliebt hat, wie eine eigene große Schwester, und dass die Mutter den Kontakt verhindert hätte. Dann kam es zur Vertreibung und Flucht über das Haff und sie hat ihre Tante nie wieder gesehen. Wir sind eine Weile still, besorgen ein Taschentuch für die Tränen, und ich bedanke mich bei ihr, dass sie uns von ihrem Leben erzählt hat: von ihrer Traurigkeit, aber auch von ihrer Sehnsucht. Ich frage sie, ob sie einen Wunsch oder eine Idee hat, was sie jetzt gut gebrauchen könnte, und sie meint, wir sollten jetzt anfangen.

Diese Einzelkontakte zu Beginn der Stunde haben eine sehr große Bedeutung. Als Leiterin der Gruppe habe ich die Chance, meine Wahrnehmung nur der einzelnen Person zu widmen. Niemand wird übersehen oder überhört, ich mache mich bekannt und vertraut, ich würdige jeden als Person und bekomme eine Ahnung davon, was den Einzelnen bewegt oder bedrückt. Zwar ermöglicht auch die Gruppe immer wieder „Einzelarbeiten", aber die Zeitspannen bei der Gruppengröße wären unübersehbar. Als Leiterin der Gruppe habe ich eine Vorstellung von der Atmosphäre, die in dieser Gruppe schwingen sollte. In der Einzelbegrüßung, die ja von den anderen Teilnehmern mehr oder weniger interessiert beobachtet wird, mache ich als Modell eine Vorgabe. Ich bin freundlich und wohlwollend, ich achte jeden mit seinen Eigenarten, ich bin behutsam und vorsichtig, ich habe Respekt vor Lebensalter und Lebenserfahrung, ich bin offen und belastbar für Sorgen und Nöte, ich höre und sehe diese auch ohne Worte, ich bin lebensfroh und lache gerne und scheue mich nicht vor Traurigkeit und „offenen Wunden". Diese Ausstrahlung wünsche ich mir nicht nur für mich, sondern als Grundschwingung für die Gruppe. Und ich formuliere das auch immer wieder, wenn neue Teilnehmer hinzukommen.

Und ich erkläre auch immer wieder, was wir in dieser Musikgruppe miteinander tun.

„In dieser Stunde singen und musizieren wir miteinander. Sie brauchen nichts zu können, Sie müssen hier nichts tun, was Sie nicht wollen, Sie können hier nichts falsch machen. Wir singen alte Lieder und lernen neue Lieder, die ich Ihnen beibringen werde. Und wir spielen auf Instrumenten, die Sie vielleicht noch nie gesehen haben. Wir spielen nicht nach Noten. Wir improvisieren mit Klängen und Tönen und wissen vorher nicht, was daraus entsteht. Ich will Sie unterstützen darin, mutig zu sein, sich auf etwas Neues und Unbekanntes einzulassen. Aber ich leite Sie dabei auch an und ich werde mich bemühen, behutsam mit Ihnen zu sein. Vielleicht gibt es Situationen, in denen ich Sie überfordere, ich hoffe, ich spüre es schnell an Ihren Reaktionen. Nehmen Sie es mir nicht übel, auch ich lerne hier täglich etwas Neues. Ich probiere aus, manchmal gelingt es, manchmal auch nicht."

„Mit Musik geht vieles leichter. Musik hilft, in Bewegung zu kommen, Musik hilft dabei, sich zu entspannen. Musik bringt etwas zum Ausdruck, was wir mit Worten nicht sagen können. Mit Musik können wir gemeinsam etwas tun, was uns Freude bereitet und das Gefühl von Gemeinsamkeit und Zugehörigkeit schafft. Mit der Musik erinnern wir uns an Dinge in unserem Leben, die schon vergessen geglaubt sind. Wir spüren im Musizieren unsere Kraft und unsere Wirksamkeit, auch und gerade bei den leisen und zarten Klängen."

## 2. Aufbau der Stunde

Die musikalische Gruppenstunde bedarf einer Struktur, die Orientierung und Sicherheit bietet. Wiederholungen ermöglichen das Wiedererkennen und die dadurch entstehende Vertrautheit ermöglicht eine kreative Weiterentwicklung.

Den Rahmen der Stunden bilden das Begrüßungs- und Abschiedslied. Es sind immer die gleichen Lieder, mit der Zeit aber werden neue Strophen gedichtet, weitere Bewegungen ausprobiert und die musikalische Gestaltung verfeinert, aber die Lieder bleiben als Zeichen des Beginns und des Endes beständig.

Dem Begrüßungslied folgt ein Gesang zur Einstimmung, zur Beachtung der Atmung und der Artikulation. Von diesen Einsingübungen gibt es mehrere verschiedene, die im Verlauf der Zeit zu unserem festen Repertoire werden und durch die stetigen Wiederholungen so viel Sicherheit und Vertrautheit schaffen, dass sie wichtige Säulen unserer Stunden sind.

Danach gibt es Raum für etwas Neues, etwas Unbekanntes. Ein neues Lied, ein Tanz oder ein erlebniszentriertes Angebot mit dem Einsatz von Materialien. Einige von diesen Angeboten stoßen auf so viel Annahme und Weiterentwicklungen, dass sie über einen größeren Zeitraum zu wiederkehrenden Teilen unserer Stunde werden.

Das Musizieren mit den bereitliegenden Instrumenten ist in jeder Stunde ein fester Bestandteil, nach meiner Intention der Hauptteil der Stunde. Der Stundenverlauf richtet sich ja nicht nur nach meiner Vorbereitung, sondern wird durch die Befindlichkeiten und Stimmungen in der Gruppe bestimmt. Die Möglichkeit des freien Musizierens unter mehr oder weniger vorgegebenen Spielanleitungen gibt mir die Chance, anstehenden Themen Raum zu geben. Nicht immer sind Gründe für bestimmte Stimmungen offensichtlich, manchmal sind sie auch sehr uneinheitlich. Freudige oder angespannte Unruhe, Schläfrigkeit, Abwehr, Albernheit und Frechheit, Offenheit und Spielfreude, oder Traurigkeit und Depression, das Feld der Stimmungen ist groß. Sichtbar in Körperhaltung und Ausdruck der Stimme und unüberhörbar im Klang der Instrumente. Meine Aufgabe besteht zunächst darin, diese Stimmungen zu spüren und wahrzunehmen. Natürlich ist es schöner, einer fröhlichen und offenen Stimmung den Raum zu geben, als einer depressiven oder traurigen. Auch bin ich überzeugt, dass es trotz aller Traurigkeit und Angst Gründe und Anlässe zum Lachen und zur Freude gibt und der Sinn meiner Arbeit auch darin besteht, diese zu entdecken. Traurigkeit, Angst und Schmerzen zu übergehen, zu überhören, ist aber keine Lösung. Die Mitteilung der Empfindungen, sprachlich oder in der musikalischen Gestaltung, manchmal auch stellvertretend durch mich, ist ein wichtiger Teil meiner Arbeit. Erst der Ausdruck der drängenden Gefühle verbunden mit der Resonanz eines Gegenübers verhilft uns Menschen zur Integration und Zufriedenheit.

Das freie Musizieren nach vorgegebenen Spielmodellen mündet oft in Begleitsätzen für Lieder oder in Musikstücken, in denen bestimmte Instrumentalrollen eingeübt werden.

Trotz fester Struktur der Stunde haben die Inhalte ihre Gewichtung je nach Bedürfnissen der einzelnen Teilnehmer und der Gruppe insgesamt. Nicht jeder bekommt immer, was er braucht. Mancher wird übertönt oder bleibt ungehört, das ist der Nachteil der Gruppe. Der große Vorteil dabei ist, dass jeder von dem profitieren kann, was andere in Aktion bringen, er wird mitgetragen, ohne selbst aktiv werden zu müssen.

Für einige Teilnehmer der Gruppe sind meine wörtlichen Erklärungen nur über den Klang und die Atmosphäre meines Sprechens zu verstehen, nicht über die Vokabeln. Und so habe ich natürlich die Einsicht, dass viele meiner Vorgaben sich nicht über die Erklärung, sondern über das Tun erschließen. Trotzdem spreche ich meine Gedanken aus und erkläre, was wir tun, um allen gerecht zu werden und um nötige Pausen zu füllen. Damit meine ich nicht die Zeiten der Stille, sondern die Momente, in denen die körperlichen Belastungen eine Pause erfordern und Übergänge deutlich gemacht werden müssen.

Keine besondere Herausstellung in meiner Beschreibung bekommt das Singen vertrauter Volkslieder und bekannter Schlager, die natürlich ihren Platz in unseren Stunden haben, je nach Thema und Wunsch der alten Menschen. In vielen Veröffentlichungen sind die Arbeit mit diesem Liedgut und dessen große Bedeutung für alte Menschen hervorgehoben, versehen mit vielfältigen methodischen Anleitungen.

Die biografische Arbeit ist ein wichtiger Teil der geragogischen Arbeit, besonders wenn wir dabei die Spuren vom haltgebenden Vertrauten finden. Darüber dürfen wir nicht vergessen, wie viel Unbehagen, Stress und Scham Menschen erleben, die mit der zunehmenden Begrenzung ihrer Erinnerungsfähigkeit konfrontiert werden. Die Bedeutung des Lebens im „Hier und Jetzt" wird mit zunehmender Demenzsymptomatik immer wichtiger.

Dem Stress des „Gedächtnistrainings" und der „Leistungserhaltung" will ich begegnen, indem ich Vertrautes anbiete und indem ich neues Vertrautes schaffe, wie es durch Musik möglich ist. „Sie brauchen sich an nichts zu erinnern, Sie brauchen nichts zu können, Sie lernen hier etwas Neues und ich als Leitung bin dafür zuständig, es Ihnen beizubringen." Diese Zusage entlastet. Und diese Zusage bedeutet inhaltlich die Vermittlung neuer Lieder und neuer Klänge.

# 3. Lieder zum Beginn

## 3.1 Guten Morgen, es lacht uns wieder das Glück

Guten Morgen

frei nach dem Schlager "Morgen"
Text/Musik: P. Mösser

textl. u. musikalische Umgestaltung: M. Marchand

Guten Morgen, wir winken mit der Hand,
guten Morgen, jetzt haben wir uns erkannt.

Guten Morgen, das ist ein schöner Gruß,
guten Morgen, wir wackeln mit dem Fuß.

Guten Morgen, wir klopfen unser Bein,
guten Morgen, das darf wohl kräftig sein.

Guten Morgen, wir reiben unsern Arm,
guten Morgen, dann wird uns langsam warm.

Guten Morgen, streckt die Finger aus,
guten Morgen, wir machen eine Faust.

Guten Morgen, die Schultern bis zum Ohr,
guten Morgen, und runter wie zuvor.

Guten Morgen, wir zwinkern uns mal zu,
guten Morgen, die Augen auf und zu.

Guten Morgen, es lacht uns wieder das Glück,
gestern, gestern, liegt schon so weit zurück.

Dieses Lied ist entstanden in Anlehnung an den Schlager „Morgen, morgen lacht uns wieder das Glück“ aus dem Jahre 1959. Die ersten beiden Zeilen sind aus dem Original übernommen, danach ist das Lied mit einem gefälligen Refrain verändert und mit einem für uns brauchbaren Text ausgestaltet. Ich nehme mir oft die Freiheit, Liedvorlagen musikalisch oder textlich so zu bearbeiten, dass sie methodisch zu einer Gruppe passen. Es ist für die Teilnehmerinnen und Teilnehmer leichter, wenn diese Lieder so unbekannt sind, dass es nicht zu Verwirrungen führt. Wenn die Worte eines Refrains sehr vertraut und wichtig sind, sollte der Text nicht verändert werden.

Die Merkmale eines geeigneten Liedes zum Beginn sind: wenig Text, eingängige Melodie und etwas rhythmischer „Pepp“, der zu Bewegungen anregt. Die Gitarre als Begleitinstrument ermöglicht die musikalische Stimulierung, ohne sich von der Gruppe abzuwenden. Der Blickkontakt ist möglich, auch Bewegungsimpulse können trotz des Gitarrenspiels mit eingebracht werden, die Lautstärke ist dezent im Verhältnis zu den eher leisen Stimmen und der Gesang bleibt der dominierende musikalische Ausdruck. Aber auch an dieser Stelle gilt der Grundsatz, dass alle methodischen Überlegungen nur dann tauglich sind, wenn sie zur Person der Leitung passen, wenn es ehrlich gemeint und stimmig ist. Wenn mein Instrument, mit dem ich sicher und flexibel musizieren kann, nun mal das Akkordeon oder das Klavier ist, wähle ich nicht die Gitarre, und jemand, der überzeugt ist, nur den Gesang einzusetzen, ohne sich mit einem Instrument zu ergänzen oder gar zu belasten und sich dabei sicherer fühlt, entscheidet sich für diese Form. Auch bei der Auswahl der Lieder ist es wichtig, Sinnhaftigkeit und Freude darin zu finden, sonst kommt diese bei der Gruppe nicht an.

Die verschiedenen Strophen mit den unterschiedlichen Bewegungsaufgaben werden nach und nach eingeführt, nicht alle gleichzeitig. Diese Bewegungsaufgaben entstehen in Zusammenarbeit mit den Teilnehmern. „Welches Körperteil könnten wir noch bewegen?“ Ohren massieren, Kopf streichen oder Augenzwinkern. „Guten Morgen, wir zwinkern uns mal zu, guten Morgen, erst ich und dann du …“, „Darf ich Sie in diesem Lied duzen? Sonst reimt es sich nicht!“, „Guten Morgen, ich spüre meine Zehn, Guten Morgen, ich kann sie doch nicht sehn …“. Mit diesen kleinen Strophen gibt es neue Anforderungen, aber immer gilt es zu bedenken, dass das Schöne erst geschieht, wenn Vertrautheit, auch mit den Bewegungen, eingekehrt ist. Das kann viele Wochen und Monate dauern und erst dann beginnt der zunehmende Spaß im Umgang damit.

## 3.2 Wir sind die Sternenfänger

Mit einem weiteren Liedbeispiel möchte ich verdeutlichen, wie schnell und einfach es möglich werden kann, ein Bewegungsrepertoire zu aktivieren. Das Greifen nach den Sternen gewinnt dabei einen eigenen thematischen Schwerpunkt. Die großen und die kleinen Sterne, die hellen und die, die wir kaum sehen, die, die sehr weit weg sind. Andere fliegen direkt an unserem Knie entlang. Wir greifen nach den Sternen, wir erinnern uns an Sternstunden und wollen uns hier einige schaffen, einige Sternschnuppen verglühen, andere leuchten hell. Für manche Teilnehmer werden diese Gedanken keine Bedeutung haben, trotzdem kann ich bezeugen, dass das Greifen nach den Sternen mit dem Singen dieses Liedes leichter, zielstrebiger, geschickter und fröhlicher wird.

Wir reiben uns`re Hände, und reiben unsren Arm,
wir ziehen uns`re Schultern an den Kopf ganz nah heran.
Dann reiben wir den Bauch und klopfen mal ganz fein
und strecken uns und fangen die Sterne ein.

Wir stampfen mit den Füßen und trippeln mit den Zeh`n,
und dann versuchen wir, nur auf den Hacken zu geh`n.
Wir klopfen uns`re Knie und das ganze Bein,
wir strecken uns und fangen die Sterne ein.

Wir sitzen nun ganz ruhig und nicken uns freundlich zu,
probier`n Sie mal und zwinkern die Augen auf und zu.
Dann tanzen wir zusammen in den Himmel hinein,
zusammen fangen wir die Sterne ein.

# 4. Lieder ohne Worte

Lieder ohne Worte bekräftigen die Zusage: „Hier müssen Sie nichts können, Sie brauchen keine Gedächtnisleistungen abzurufen, Sie lernen etwas Neues und das geht ohne Mühe." Die Gruppe wird angeleitet, die Verantwortung für das Gelingen liegt bei der Gruppenleitung und der Gesang der Gruppe trägt alle mit.

Für manche Menschen ist die Bezeichnung „Einsingübung" motivierend und fordert eine konzentrierte Bereitschaft, vielleicht bedingt durch frühere Chorerfahrungen. Anderen Teilnehmern hilft es als Einstieg für eine entspannte Haltung, wenn Achtsamkeit auf Körperhaltung, Atmung und Mundbewegungen eine Bedeutung erhalten und diese im Rahmen der Vorbereitung auf unseren Gesang selbstverständlich werden.

Der Begriff „Einsingübung" reicht als Beschreibung allerdings nicht aus. Bedeutung und Sinn dieser Lieder sind viel umfangreicher. Wir erleben den tragenden Klang in der Gruppe, der zunehmend stärker und sicherer wird und Mut macht zum Einschwingen und Gestalten.

## 4.1 Glockenkanon

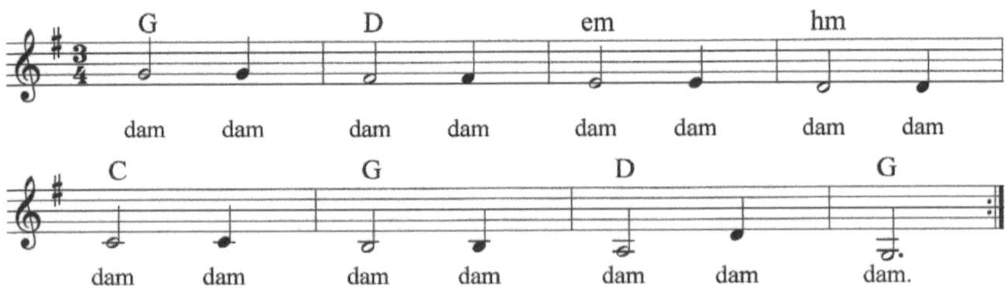


Ohne Erklärungen stimme ich das Lied an und mit den Wiederholungen steigen viele in den leichten Gesang der absteigenden Tonfolge ein. Wie automatisch kommen bei einigen die wiegenden Körperbewegungen hinzu. Ich formuliere die schwingende Glocke im Turm als Bild und meine Ermunterung zu lauterem oder leiserem, langsamerem oder schnellerem Läuten wird gerne umgesetzt. Erst wenn der Melodieverlauf vertraut ist, wagen wir uns an die nächste Glocke, die tiefe – größer im Umfang, aber auch ruhender im Klang.

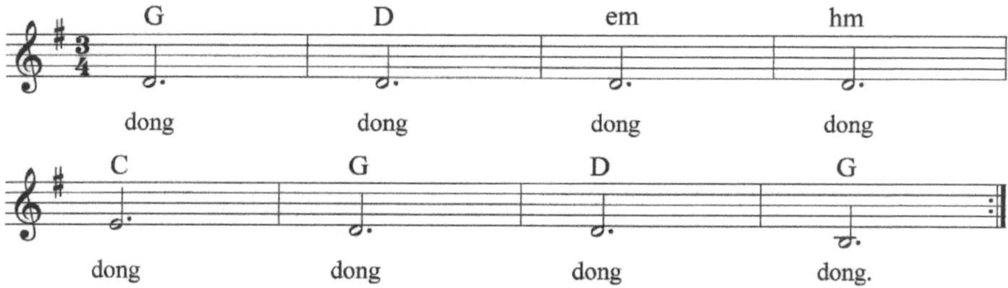


Die kleine Glocke klingt höher und tanzt mit ihren Tönen über den anderen Glocken.

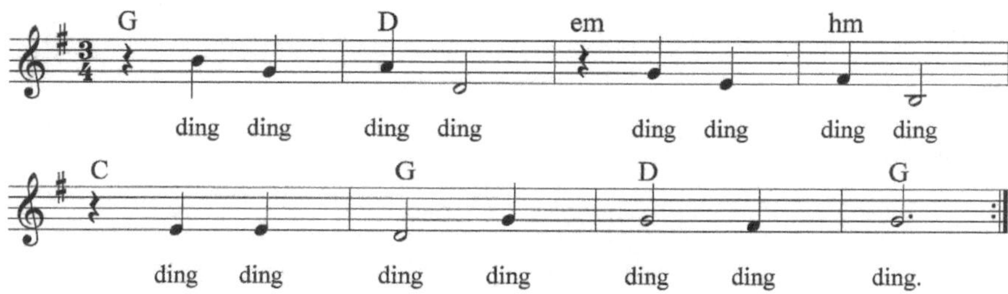


Erst wenn alle „Glocken-Stimmen" oft gesungen wurden, wagen wir uns behutsam an die Mehrstimmigkeit. Abgesehen von dem wiegenden und zum Schwingen stimulierenden Gesang ist die Wahlmöglichkeit der eigentliche Schatz in diesem Gesang.

Ich wende mich den einzelnen Teilnehmenden zu und frage, welche Stimme ihnen am besten gefällt oder welche sie am liebsten singen möchten. Für manche ist das ein Anlass zu erzählen: „Früher habe ich im Chor gesungen." oder „Ich kann nicht singen, da laufen alle weg." oder „Früher konnte ich singen, aber jetzt ist meine Stimme weg." (dann liegt die Hand am Hals oder auf der Brust, der Kopf sinkt nach unten) oder „Das ist mir egal." oder „Ich singe überhaupt nicht".

Für einige ist das Angebot zur Auswahl unverständlich, sodass ich eine Bitte formuliere oder eine „Aufgabe" verteile. Über viele Wochen hält sich Frau Hörsterkamp verunsichert an der Stuhllehne fest und ich bitte sie, um eine Überforderung zu vermeiden, mit mir die mittlere Stimme zu singen, wobei ihr dann ein entspanntes Lächeln durchs Gesicht fährt und sie mit etwas Stolz und Erleichterung einwilligt. Eine Woche später bitte ich sie wieder, mit mir die mittlere Stimme zu singen und sie schüttelt energisch den Kopf: „Nein, ich singe die hohe Stimme." Das sind für mich die sehr glücklichen Momente, in denen deutlich wird, dass das Zutrauen in eigene Entscheidungen wieder wachsen kann.

Frau Krämer zeigt mir mit einer wischenden Handbewegung und geschlossenen Lippen, dass es ihr egal ist. Nach einem Schlaganfall hat sie eine Halbseitenlähmung und kann kaum gezielt sprechen, ist aber geistig in der Lage, den Sachverhalt zu verstehen. Ich schiebe mit meiner Hand ihre Geste symbolisch zurück und wir lächeln uns an. Sie weiß, dass ich von ihr eine Entscheidung wünsche, mich nicht zufrieden gebe mit ihrem „egal", weil sie müde ist, Worte zu suchen, die dann doch nicht richtig aus ihr herauskommen. Ich biete ihr Gesten an, Hand oben, in der Mitte oder unten, daran hat sie Freude und sie will die mittlere Stimme singen.

## 4.2 La-la-la-la

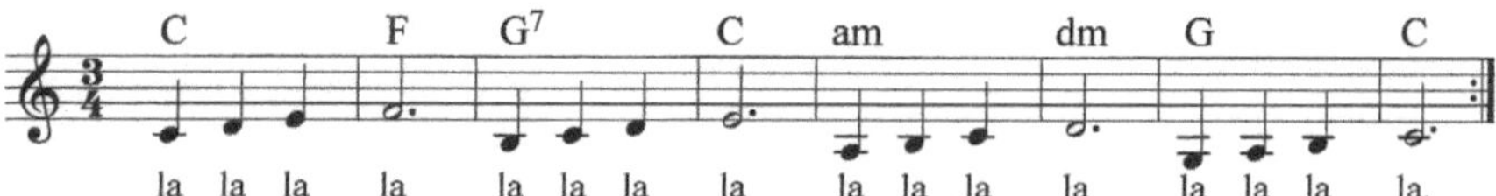


Diese kleine Melodie in der tiefen Lage ist einladend zum Mitsingen. Mit verschiedenen Vokalen (la, le, li, lu, lo) und unterschiedlichen Konsonanten (z.B. ma, sa usw.) sind viele Variationen möglich. Eine parallellaufende höhere 2. Stimme macht das Stück auch klanglich attraktiver und bietet wieder die Wahlmöglichkeit der hohen oder tiefen Stimme.

Die Variationen der Stimmen können nun ihren Lauf nehmen. Ideen zur Gestaltung des Gesanges – neben der Veränderung des Tempos und der Dynamik sind die Atmosphäre des Gesanges, wenn z.B. verschlafen, gehetzt, verliebt, wütend o.ä. singen.

## 4.3 Juna

Im langsamen Metrum gesungen entfaltet sich in diesem Gesang durch die offenen Harmonien ein schwebender Klangteppich, auf dem gesangliche Variationen in der Oberstimme möglich werden. Wie im o.g. Beispiel sind Variationen durch Wechsel der Vokale und der Dynamik möglich.

## 4.4 Banua

Auch dieser kleine Kanon ist im einstimmigen Gesang eine Einladung zum Mitsingen und findet bei allen Menschen großen Anklang. Schon nach einigen Wochen ist er als Kanon in der Gruppe singbar.

## 4.5 Tönen, ohne zu singen

Wann geben wir uns die Erlaubnis zu tönen und zu klingen, ohne dass wir sprechen oder singen? Das Summen und Pfeifen sind noch kultivierte Formen, doch da ist unser Klang beim Stöhnen, beim Schnarchen, beim Lachen und Weinen und der Schrei, wenn wir uns erschrecken. Gesteuert durch unsere Atmung gibt es den Klang nach außen gerichtet oder nach innen. Die oft ungenutzten oder unbewussten Klangqualitäten unserer Stimme auszuprobieren ist, mit viel weniger Hemmungen belegt, als ich vermutet hatte. Eine sehr konkrete Anleitung und natürlich das eigene modellhafte Mittun ist dabei hilfreich, und auch der Hinweis, dass diese „Mund- und Atemgymnastik“ unserer Stimmbildung für den Gesang dient. So erhält das Streicheln und Massieren der eigenen Wangen eine plausible Erklärung. Und es ist schön, so mit sich in Kontakt zu kommen:

- Wir reiben unsere Wangen, sanft, aber auch ein wenig fester, so, wie es angenehm ist.
- Wir streichen unsere Wangen, atmen ein. Beim Ausatmen (unterstützt vom Ausstreichen der Wangen) entsteht ein Geräusch, wir streichen den Klang hinaus.
- Wir schnalzen mit der Zunge.
- Wir lockern beim Ausatmen unsere Lippen (allerlei Brummgeräusche).

Eine kleine Geschichte:

- Wir öffnen das Fenster. Die frische Frühlingsluft strömt herein.
  „Wir atmen tief ein und ‚aaaah...'." (Bei Wiederholungen ist der folgende Hinweis motivierend: „Bitte lächeln Sie bei diesem ‚aaaah', der Klang wird dann schöner!")
- Die ersten Krokusse sind schon zu sehen.
  „Wir atmen tief ein und ‚ooooh...'." („Der Klang wird wirklich erstaunter, wenn wir unseren Kopf heben und die Augen öffnen!")
- Der Bauer fährt die Gülle aus. Es stinkt.
  „Wir atmen tief ein und ‚iiiih...'." (Hier ist kaum ein unterstützender Hinweis nötig, manchmal nur eine Ermunterung, das „iiiih" lauter klingen zu lassen. Dabei habe ich schon viele Teilnehmer erlebt, die mit geballten Fäusten dieses „iiiih" unterstützt haben.)
- Der Rasen ist voller Maulwurfshaufen. Ich stecke ein Metallrohr in die Wiese und schlage mit einem Holzstab dagegen.
  „Wir atmen tief ein und ‚weg weg weg weg weg'."
- Ich schließe das Fenster. Da steht mein guter, alter Sessel. Ich darf mich ausruhen.
  „Wir atmen tief ein und ‚puuuuh'." (Die Luft strömt hinaus, entspannt wiederholen wir die Übung.)

Eine solche kleine Geschichte ist inhaltlich den Lebensumständen und den Jahreszeiten gut anzupassen. Ob nun das Mäuschen unter der Heizung verscheucht werden muss, das abgestandene Blumenwasser für den Geruch verantwortlich ist oder das erstaunte „ooh" erklingt, weil jemand meine Wohnung geputzt hat, wichtig sind sehr kurze Sätze und die gleichbleibenden Wiederholungen, damit ein Lernen und Üben möglich wird.

# 5. Der Name (Salibonani)

Der Name ist ein wichtiges Merkmal der Identität, und er hat viele verschiedene Facetten. Selbstverständlich benutze ich in der Ansprache die Sie-Form und den Nachnamen, wenn auch in einzelnen Liedtexten eine Du-Form stimmiger ist. Meinen Namen benenne ich mit Vor- und Nachnamen und biete an, mich „Marlis“ zu nennen, da „Marchand“ so schwer auszusprechen ist. Möglicherweise biete ich damit eine Vorlage, dass neben dem obligatorischen „Sie“ das „Du“ in Verbindung mit Ansprachen an mich, wie „Ach, Mädchen, gib mir mal …“ oder auch „Das war wieder schön mit dir …“ sehr stimmig klingen.

Je nach Region ist auch die Du-Form der Bewohner untereinander sehr unterschiedlich, ob in der Stadt fremde Menschen Mitbewohner im Altenheim werden oder in kleinstädtischer oder dörflicher Struktur, wo sich Menschen begegnen, die in ihrem Leben schon in Kirchengemeinde oder Sportverein miteinander zu tun hatten.

Unabhängig von diesem „Sie“ oder „Du“ ist es wichtig, den verschiedenen Namen der Menschen einen Platz zu geben, dass sie erwähnt werden und damit erinnert werden können. Der Vorname, der Kosename (wer hat Sie so genannt?), der Geburtsname bei Frauen, oftmals sehe ich ein entspanntes Lächeln im Gesicht, wenn uns in der Gruppe diese Namen verraten werden oder wenn wir versuchen Kosename zu erraten. Die Schatzkiste ist ein guter Ort, wo ich diese Namen ergänzen kann, wenn es gewünscht wird.

In unserem Namenslied ist es möglich, den Vornamen zu ergänzen, den Kosenamen oder den Geburtsnamen zu wählen, je nach Wunsch der Teilnehmer. Bei den Menschen, die sich nicht sprachlich dazu äußern können, vertraue ich auf mein Gespür, ob der Vorname oder eher der Nachname die passende Ansprache ist. Frau Esser spricht nicht mehr, reagiert aber auf die Ansprache mit ihrem Vor- und auch Nachnamen. Sie heißt Elisabeth und ich vermeide es, ihr Fragen zu stellen, aber da rutscht es mir heraus: „Hat Ihre Mutter Lisbeth oder Libbet zu Ihnen gesagt?“ Sie lächelt mich an und sagt sehr deutlich: „Lisbeth“.

Dieses afrikanische Begrüßungslied (Salibonani bedeutet „Guten Morgen“) mit dem Wechsel des Solo und Tuttigesanges gestattet auch in einer größeren Gruppe, dass jeder beim Namen genannt wird. Als Vorsängerin habe ich die Möglichkeit, die in dem Moment geeignete Ansprache zu finden, oder auch Vor- und Nachnamen zu nennen, wie oben im Liedbeispiel ausgeführt.

Aber auch weitere Varianten sind erforderlich: „Guten Morgen, Herr Kortmann, wir begrüßen Sie. Wir heißen Sie willkommen, wir begrüßen Sie.“ „Guten Morgen, Herr Altmann, wir begrüßen Sie, Ihre Freunde sagen Toni, wir begrüßen Sie.“ Je nachdem, wie lange ich die Menschen kenne und was ich von ihnen weiß, was ihnen wichtig und angenehm ist, wie nah und vertraut wir sind, versuche ich ange-

Salibonani

Simbabwe, trad.

messene Worte zu finden oder Kosenamen aufzugreifen, von denen uns der Teilnehmer erzählt hat.

Der Refrain eignet sich sehr zur rhythmischen Begleitung mit kleinen Percussion-Instrumenten, die ich nach der Einführung (siehe das Kapitel zum freien Musizieren mit Instrumenten) auch dazu anbiete. Durch die körperliche Aktivität wird in Verbindung mit den gesetzten Pausen im Wechsel mit dem Sologesang die Konzentration über eine lange Zeit wach gehalten.

# 6. Die Hände

Für viele alte Menschen sind die Hände die wichtigste Verbindung zur Welt. Nicht nur, weil aufgrund körperlicher Behinderungen die Hand das verbleibende Körperteil ist, das wirksam agieren kann, sondern auch, weil in den Händen und Fingern so viel Körper-Gedächtnis, so viel Erleben und damit Erinnern gespeichert ist, dass wir die Bedeutung auch würdigen und nutzen sollten.

## 6.1 Ich fühl meine Hände

> „Ich habe in einem Buch von einem Menschen gelesen, der hatte eine seltsame Angewohnheit. Jeden Morgen, nachdem er erwachte, sagte er sich selbst ‚Guten Morgen', nahm seine eigenen Hände und drückte diese feste und herzlich. Diese Idee gefällt mir, und ich habe ausprobiert, wie es sich anfühlt, sich selbst die Hand zu geben."

Mit dieser kleinen Geschichte als Einführung versuchen wir nun, wie das gehen könnte, solch eine ungewohnte Bewegung zu vollbringen. Wir sind es gewohnt, die Hände zu falten oder zu reiben, zu waschen, aufeinander zu legen, wir probieren alles aus, was uns einfällt, auch unsere Finger zu verhaken und kraftvoll daran zu ziehen. Und schnell wird deutlich, wie groß der Anteil der Teilnehmer ist, die von Lähmungen betroffen sind und dennoch die Bewegungen der Hände mitmachen können. Ich spreche es aus, wir haben verschiedene Teile, die schwache Hand und die starke, die gesunde und die kranke. Die Ideen der Teilnehmer sprudeln, die schöne und die hässliche, die gute und die böse, die harte und die zarte, beide Teile gehören zu mir und geben sich die Hand. Nach und nach kommen immer mehr Worte und kleine Geschichten hervor, von streichelnden und schlagenden Händen, von hässlichen oder schmutzigen, welches die Bezeichnung für die „falsche" linke Hand beim „Guten-Tag-Sagen" für Kinder war. Wir richten dann unsere Aufmerksamkeit wieder auf unsere Hände und ich spreche langsam den Text des Liedes und mache die Bewegungen mit. Dann beginne ich zu singen:

Das Lied fordert eine Weiterentwicklung. Es gibt im Kreis der Teilnehmer einige, die diese Bewegungsimpulse nicht mitmachen können. So setzt sich meine Kollegin, während ich den Gesang und das Gitarrenspiel als Atmosphäre aufrechterhalte, zu einem Teilnehmer und nimmt vorsichtig dessen Hände. „Ich nehm Deine Hände … und halte Sie fest.", die Bewegungsvorschläge werden dabei behutsam angeregt. Dieses Lied singen wir mehrmals. Mit den Wochen und Monaten wird der Text, die Bewegungen und der Gesang selbstverständlich und einzelne wenden sich ihrem Sitznachbarn zu, um dieses Händelied zu singen und mit den Händen die Bewegungen auszuführen.

## 6.2 Zum Tanze gehn meine Finger

Zum Tanze geh`n meine Finger

Musik: Schweden, trad.
Text: M. Marchand

Zum Tanze geh`n meine Finger den Arm nun entlang.
Nach oben, nach unten, zur Seite und ran.

Zum Tanze geh`n meine Finger auf die andere Hand.
Sie trippeln und hüpfen und bleiben dann steh`n.

Sehr selbstverständlich werden mit diesem Text und der vertrauten Melodie die Finger zu fortbewegenden, tanzenden Akteuren, die in ihrer Feinheit und mit ihrer Kraft spürbar werden. Die schreitenden und tanzenden Finger auf den Oberschenkeln und Armen bekommen im Text Richtungen vorgegeben, die aus individueller Sichtweise immer stimmig sind.

## 6.3 Freier Tanz der Finger

Durch das oben genannte Tanzlied der Finger werden geübte „Tanzschritte" der Finger selbstverständlich, auch das Trippeln und Hüpfen auf der Handinnenfläche oder dem Handrücken. Wir probieren nun, unser Repertoire zu erweitern: Kleine und große Schritte, schleichend oder stampfend, schleppend oder leicht, nur ein Finger (oder zwei, oder alle) ist aktiv, linke oder rechte Hand, die Ideen werden nach und nach reichhaltiger, wenn plötzlich ein Finger zur Nasenspitze wandert. Erst nach dieser „Trockenübung“ kommt eine ausgewählte Musik hinzu, die den Anfang und das Ende markiert und unseren Fingertanz unterstützt. Dieser freien Fingertanzimprovisation tut es gut, wenn das Musikstück unbekannt und damit unvorbelastet ist, aber in Verbindung mit dem Fingertanz über die Wiederholungen im Verlauf der Wochen ein Wiedererkennen ermöglicht (Angaben zu den passenden CDs befinden sich im Anhang).

Wie bei dem Händelied nutzen meine Kollegin und ich die Möglichkeit, uns bei diesem Fingertanz einzelnen Teilnehmern zuzuwenden, um uns als Tanzpartner anzubieten. Dieses kann ein sehr intensiver und auch sehr naher Kontakt sein, und dabei verlasse ich mich auf unsere professionelle Sensibilität. Als Paartanz würde ich den Fingertanz nicht anbieten, bemerke aber, dass es in vertrauten Gruppensituationen zunehmend zu Paartänzen kommt, indem sich Sitznachbarn spontan einander zuwenden.

# 7. Materialien als Mittler des Kontaktes

Die greifenden, die fühlenden, die haltenden Hände: Für die musikalische Arbeit ist es wichtig, dieses Potenzial der Hände und Arme zu aktivieren. Immer wieder beobachte ich, wie aus vermeintlich bewegungsunfähigen Fingern, Händen und Armen Bewegungspotenziale erwachsen, die ich nicht für möglich hielt. Dabei kommt es oft zu überraschenden Momenten, wenn über den Kontakt zu einem Material augenscheinlich der Eigenkontakt angeregt wird und dann auch der Kontakt zu anderen Personen oder zur ganzen Gruppe herstellt wird.

Die angebotenen Materialen haben für die Menschen unterschiedliche Bezüge. Sie können eine Brücke sein zu Erinnerungen und Erlebnissen, sie können aber auch unbedeutend und uninteressant sein. So ist ein Seidentuch in den Fingern der meisten Frauen ein angenehmes Material, das zum Fühlen, Reiben, Falten, Überprüfen der Säume usw. animiert, bei Männern ist es eher ein Bierdeckel oder eine Schraube mit einer Mutter. (Ich lernte einen Herrn kennen, der alle Stoffe liebte. Er fühlte schon bei der Begrüßung an meiner Kleidung und ich erfuhr dann von ihm, dass er Polsterer war).

## 7.1 Steine (Das uralte Lied der Steine)

In einer umgedrehten Handtrommel liegen viele Kieselsteine in unterschiedlichen Farben und Formen, gefunden auf Wegen, an Flüssen oder auf Bergen, am Strand oder am Feld, aus unterschiedlichen Ländern und Gegenden. Mit dieser Einführung und sichtbaren Auswahl an Steinen gehe ich von einem zum anderen und biete jedem an, sich einen Stein auszuwählen. Die Auswahl braucht viel Ruhe und Zeit. „Welchen Stein möchten Sie?“ „Welcher ist schön?“ „Ist er nicht zu schwer?“ „Ist er nicht zu rau, nicht zu kalt?“ Manchen ist diese Auswahl zu anstrengend: „Ach, gib nur irgendeinen her“. Ich ermuntere zur Wahl und bin damit meistens erfolgreich. Helfende Fragen, ob lieber groß oder klein, geben dann doch eine Entscheidung. Oder die Frage nach dem Wunsch, woher der Stein denn stammen sollte, ob aus den Bergen oder vom Meer.

Ganz selten wollte jemand keinen Stein. Manche sind auch erfreut, wenn ich die Entscheidung treffe: „Ich suche Ihnen einen guten Stein aus“. Einigen Teilnehmern gebe ich behutsam einen Stein in die ahnungslose Hand, die verwundert über das Gewicht, die Härte oder Kälte reagieren und beginnen, Aktivität aufzunehmen.

Wir sitzen nun in der großen Runde und fühlen unsere Steine in den Händen und es ist eine konzentrierte Stimmung. Wir bemerken, wie der Stein wärmer wird. Ich beginne, von meinem Stein zu erzählen: „Mein Stein ist rund und hat eine rötliche Farbe.“ Dann bitte ich Frau Barell, uns etwas von ihrem Stein zu erzählen. Sie beginnt: „Mein Stein ist rund und warm und er stammt aus Oberstdorf, da fahre ich im Sommer hin, jedes Jahr.“ Und so kommen wir ins Gespräch, manche erzählen oder beschreiben ihren Stein, andere spreche ich direkt mit Fragen an: „Ist der Stein in Ihrer Hand schwer oder leicht?“ Solch eine alternative Auswahl zwischen zwei Polen wird oft sehr klar und entschieden beantwortet.

Frau Thale spricht mit langsamen und eindringlichen Worten: „Mein Stein ist warm und ich spüre, wie er ein Teil von mir wird. Er gehört schon zu mir und ich gebe ihn nicht wieder her.“

Die Faszination, die von den Steinen ausgeht, nimmt zu. Mit jeder Wiederholung dieser Einführung wird die Auswahl der Steine überlegter und zielstrebiger. (Wenn ich selbst in Ferien war, werde ich mittlerweile gefragt, ob ich neue Steine mitgebracht habe.)

Frau Müller ist neu in der Gruppe, sie sucht sich zwar auf mein Angebot hin einen Stein aus, aber es ist offensichtlich, wie sie diesen mit spitzen Fingern hält und es scheint ihr unangenehm zu sein. Sie sucht einen Platz für den Stein, auf der linken Armlehne, auf der rechten, auf ihren Beinen, er stört irgendwie. In der Gesprächsrunde frage ich sie. „Bitte, Frau Müller, zeigen Sie uns Ihren Stein.“ Frau Müller nimmt ihren Stein und setzt sich in Position, atmet tief ein und beginnt freundlich und redselig zu erzählen, von Kindern und Enkeln und diesem und jenem Geschehen. Es sind viele verschiedene Satzteile, die scheinbar sinnlos aneinander gereiht im Plauderton, mit ausgefeilter Mimik und Gestik vorgetragen werden. Wir hören geduldig zu, doch zunehmend spüre ich ihre Bedrängnis und den Stress, den sie bei diesem Vortrag hat, und unterbreche sie. „Frau Müller, in Ihrer Hand ist ein Stein.“ Überrascht schaut sie mich an. „Ist er warm oder kalt?“ Sie schaut auf ihre Hände und entspannt sich sichtlich. Klar und deutlich ist ihre Antwort und ich frage weiter: groß oder klein? Und sie fühlt ihren Stein und tut dies augenscheinlich nicht mit Unwohlsein.

„Das uralte Lied der Steine ist so alt, niemand weiß, was die Worte bedeuten“. Ich singe das Lied vor, beginne zunächst nur mit dem Refrain (2. Zeile), bald stimmen viele ein. Zum Musizieren mit den Steinen benötigen wir einen zweiten, oder für die, die nur einen Arm benutzen können, eine Stuhllehne oder einen dicken Stein auf dem Schoß oder Hilfestellung.

Wir lernen das uralte Lied der Steine. Im Refrain klopfen wir die Steine aufeinander. Zur Strophe reiben wir die Steine aneinander. Folgendes Arrangement entsteht:

1. Reiben der Steine (manche nehmen den Geruch wahr und beginnen zu erzählen) mit leiser Gitarrenmusik untermalt,
2. weiteres Reiben der Steine und Gitarrenklänge zum Solo-Gesang der Strophe,
3. Klopfen der Steine im schwungvollen Metrum mit Gesang und Gitarrenbegleitung.

Bei dieser Arbeit mit den Steinen ist auf zwei Dinge unbedingt zu achten: Menschen mit fortgeschrittener Demenz neigen dazu, Dinge aus der Hand zum Mund zu führen. Geschliffene, handgroße Hölzer mit Formgebungen sind ein guter Ersatz, der die Finger und Hände zum Tasten und Fühlen anregt. Einmal habe ich erlebt, dass eine Teilnehmerin einen Steinwurf angedeutet hat, seitdem habe ich einen kleinen Knetball als Alternativangebot in der Tasche.

Mit dem Ende des Liedes müssen wir für die Steine einen guten Platz finden. So sammle ich die Steine wieder ein oder sie finden ihren Platz in der Schatzkiste des einzelnen Teilnehmers. Frau Thale hat ihren Stein nach der oben geschilderten Stunde nicht mehr aus der Hand gegeben, ich konnte das gut verantworten und habe später den Pflegekräften auf der Station die nötige Information gegeben.

## 7.2 Seile (Wir tanzen Tango)

Jeder Teilnehmende bekommt ein gängiges, farbiges Gymnastikseil von mir angeboten, manche nehmen es gerne und interessiert in die Hände, andere legen es in den Schoß, wieder andere möchten es lieber an die Stuhllehne hängen. Ich ermuntere alle, es mit den Händen zu fühlen, zu greifen, das Gewicht zu testen und zu ziehen, ich führe die Bewegungen vor, es ist bei vielen ein vorsichtiges Herantasten an dieses eher raue Material, viele Hände sind das nicht mehr gewohnt. (Achtung: Um Blasenbildung oder Wundreiben zu vermeiden, für diese Einheit nur eine kurze Dauer einplanen.) Wir machen uns mit dem Seil vertraut.

„Ich möchte heute mit Ihnen tanzen. Ich habe den Tango ausgewählt. Wir tanzen im Sitzen mit Hilfe unseres Seils. Wir knoten die Enden des Seils zusammen." Manche können dieses mit unserer Hilfestellung schaffen, anderen machen wir den Knoten. (Das Öffnen der Knoten zum Ende der Einheit dagegen ist für fast alle Teilnehmer eine lösbare Herausforderung.) „Bitte nehmen sie das Seil in ihre Hände." Zunächst gehe ich zu meiner Kollegin und frage sie, ob ich mit ihr tanzen darf. Ich nehme einen Teil ihres Seiles in die Hände und stelle mich ihr gegenüber. Beim Tango geht es vor und zurück, nach rechts und nach links, nach oben und nach unten. Wir demonstrieren die Bewegungen zu meinen Worten. Der Tango ist aber auch ein frecher Tanz, denn man kann sehr gegensätzliche Bewegungen machen. Einer geht nach rechts, der andere nach links, einer hoch, der andere runter, einer geht zurück, der andere bleibt stehen.

Ich fordere eine Teilnehmerin zum Tanz auf und spiele eine einfache Tangomusik von der CD (z.B. Tango Time, 1999), nicht länger als 90 Sekunden. Ganz vorsichtig und behutsam beginnt unser Tanz, das Seil nimmt Spannung auf und erschlafft wieder, wir ziehen vorsichtig vor und geben wieder nach, abwechselnd und gleichzeitig, die Arme und Schultern öffnen sich zu weiteren Bewegungen, wir loten unsere Kraft aus und entdecken Möglichkeiten. Ohne viele Erklärungen wird das Wesen des Tangos in diesem Seiltanz spürbar: Ich halte dich – ich lass mich fallen; ich führe – ich folge; komm her – geh weg; ich habe Kraft – ich bin schwach.

Ich verweise immer wieder auf die nötige Achtsamkeit der Tanzpartner miteinander, das vorsichtige Ausloten der Bewegungen. Mit stetiger Wiederholung und Bekanntheit der Musik werden Bewegungsmöglichkeiten eingeübt und es kommen differenziertere Bewegungen hinzu.

Oder es geschieht etwas völlig Ungeplantes: Herrn Kindler lege ich das Seil in seine bewegungslosen Hände. Vorsichtig überbringe ich durch das Seil Impulse, minimale Bewegungen. Seine Hände beginnen das Seil zu fühlen, suchend tastet er die Länge ab, er verändert die Position seiner liegenden Hände zu aufrechten Fäusten, hält das Seil in diesen und ordnet seine kleinen Finger und Daumen um das Seil, ich gebe nun etwas Spannung ins Seil, die ganze Haltung seines Körpers nimmt diese Spannung auf und er beginnt zu zügeln, als säße er auf einem Pferd. Er hat mich fest im Griff, wir spielen miteinander eine ihm anscheinend so vertraute Handbewegung, die seinen Körper bis in die Fußspitzen aktiviert.

Das Tanzen mit Hilfe von Seilen und Tüchern ist für Menschen mit Körperbehinderungen eine gute methodische Hilfestellung und gilt natürlich nicht nur für dieses Tango-Beispiel. Gerade in einer Gruppe, in der es nicht möglich wird, dass die Teilnehmenden miteinander tanzen, bietet sich ein Reigentanz (z.B. Tanzhaus, 2003) an, in der ich und meine Kollegin im Kreis vom einen zum anderen wechseln. Die musikalische Form im Rondo (A-B-A-C-A-D-A) gibt dabei durch den wiederkehrenden A-Teil die Zeit zur Begrüßung und Verabschiedung. Hilfreich sind unterstützende Gesten der Verbeugung oder des Winkens, die Aufnahme von Blickkontakt, vielleicht auch die wörtliche Frage: „Darf ich mit Ihnen tanzen?“

## 7.3 Stäbe (Mein Stock, der ist ein guter Freund)

Aus einer reichlichen Anzahl runder Holzstäbe (leichtes Bambus- oder Fichtenholz) in verschiedenen Längen und Durchmessern (ca. 65–80 cm Länge, 1,5–3 cm Durchmesser, rund geschliffenen Kanten) suche ich mit jedem Teilnehmer einen passenden Stab, der gut in der Hand liegt und mit dem es möglich ist, auf den Boden zu klopfen. Schon bei der Kreisbildung zu Beginn der Stunde ist auf ausreichenden Abstand zwischen den Personen zu achten, um Verletzungen zu vermeiden. Der Stab ist für eine Wanderung eine gute Hilfe und schnell ist ein gemeinsames Metrum durch die Klopfbewegungen im Raum. Wir können den Weg ertasten, wenn es dunkel ist oder wir schlecht sehen. Der Stab wird der Kreismitte zugewandt tastend bewegt. Beim Reiben des nach vorne ausgestreckten Stabes über den Boden treffen zunächst zufällig, mehr und mehr gezielt, Nachbarstäbe aufeinander. Aus diesen Bewegungsideen entwickelt sich die Choreografie für einen Tanz. Besonders geeignet ist jiddische oder irische Tanzmusik mit klar im Tempo unterscheidbaren Teilen, z.B. A-B-A-C-A, wobei der A-Teil mit dem auf den Boden stampfenden „Wandermotiv“ ausgefüllt wird und durch das Reiben auf dem Boden (B) und der Begegnung mit dem Nachbarstab (C) eine ruhigere Phase ermöglicht.

Für manche Teilnehmer ist es sehr wichtig, den Stab mit beiden Händen zu halten, eher wie eine Paddelbewegung, und so erfolgt die Klangerzeugung durch Schläge auf die Stuhl- oder Rollstuhllehne. Ich ermuntere alle, auch diese Bewegung einmal zu versuchen.

### Mein Stock, der ist ein guter Freund

Musik: trad. "Mein Vater war ein Wandersmann"
Text: M. Marchand

Mein Stock, der ist ein guter Freund ...
ich taste, wenn es dunkel wird und ich nicht richtig seh`.

Mein Stock, der ist ein guter Freund ...
kommt mir ein Wort nicht in den Sinn, dann zeigt der Stock dorthin.

Mein Stock, der ist ein guter Freund ...
ich klopf` bei meinem Nachbarn an und er klopft auch bei mir.

Dieses Wanderlied mit den durch die Bewegungen entstandenen Strophen ist sehr beliebt. An einem Tag hatte ich wieder die Stäbe bereitliegen und Frau Baldorf kam sehr aufgebracht in die Gruppe: Sie schüttelt ihren hochroten Kopf, findet aber keine Worte für ihre Wut. Da sieht sie die Stäbe und sagt: „Damit könnte ich ihn vielleicht vertreiben!“ Auf meine Nachfragen erfahren wir alle vom Hintergrund ihres Erlebnisses. Ein neuer Mitbewohner, sehr verwirrt und orientierungslos, kam unerlaubt in ihr Zimmer, schaute in ihre Schubladen und Schränke, setzte sich sogar auf ihr Bett und reagierte überhaupt nicht auf ihre Aufforderung, das Zimmer zu verlassen. Frau Geldorf, unbeweglich in ihrem Rollstuhl, war entsetzt und hilflos über die Zudringlichkeit, bis ihre Hilferufe von den Pflegerinnen gehört wurden.

Nach dieser Schilderung ist sie noch immer sehr aufgeregt und ich mache einen Vorschlag, um ihrem Erleben der Hilflosigkeit etwas entgegen zu setzten. „Frau Geldorf, ich möchte mit Ihnen üben, zu kämpfen.“ Ich wähle zwei möglichst kurze Stäbe und bitte sie, ihren mit beiden Händen (die rechte Hand ist trotz der Bewegungseinschränkung durch die Halbseitenlähmung dazu in der Lage) an den Enden umschlossen zu halten. Und so begegne ich ihr mit meinem ebenso gehaltenen Stab spielerisch in Kampfposition und wir beginnen unter den sehr aufmerksamen und verwunderten Blicken der Gruppenteilnehmer, zunächst sehr vorsichtig, aber dann doch mit zunehmender Kraft, unseren „Kampf“ mit den aneinanderstoßenden Stäben. Bald gönnen wir uns eine Pause, Frau Geldorf lacht übers ganze Gesicht, ihr Körper schüttelt sich dabei, und sie ist angestrengt. „Sie haben viel Kraft“, bestätige ich ihr. „Aber ich möchte noch etwas mit Ihnen üben. Bitte nehmen Sie Ihre Stimme im Kampf hinzu. Scheuchen sie mich weg oder sagen laut ‚Halt‘ oder ‚Stopp‘ oder ‚Weg‘ und schauen Sie etwas strenger. Wenn Sie so nett lächeln, glaube ich Ihnen nicht.“ Diese Art von Kampf, für manche auch lieber in Form des Fechtens mit mir, ist eine sehr beliebte Übung geworden, mit ungeahnten Kräften und viel Spaß. Unser Wanderlied ist um eine wichtige Strophe erweitert worden:

Mein Stock, der ist ein guter Freund, den trag ich stets bei mir,
er hilft mir, wenn ich kämpfen muss, dann kann mir nichts passier’n.

Die Idee, mit dem Stock im Setting dieser Gruppe die eigene Kraft zu spüren und die Abwehrfähigkeit zu erleben, heißt für den Alltag ja nicht, dass Frau Geldorf nun wirklich mit Hilfe eines Stockes ihren Mitbewohner vertreibt. Als ich die Stäbe wieder einsammle, frage ich Frau Geldorf, was sie denn nun tut, wenn der Herr wieder in ihr Zimmer kommt. „Ach“, sagt sie, „das ist ein armer Mann, der weiß nicht, wo er hingehört.“

## 7.4 Tücher (Such mir eine Farbe aus)

Das Spielangebot beginnt mit dem Verteilen von bunten Seidentüchern. Mit einem bunten Knäuel gehe ich im Kreis von einem zum anderen und bitte die Teilnehmer, sich eine Farbe auszusuchen. Diese Entscheidung zu treffen und mit den Fingern auch dieses gewünschte Tuch zu ergreifen und dann auch noch mit eigenem Körpereinsatz ein gewähltes Tuch aus diesem Knäuel zu ziehen, das ich je nach körperlichen Möglichkeiten auch mal fester oder lockerer zusammenhalte, dieser Prozess ist für sich gesehen schon ein Erlebnis- und Übungsfeld. Im Verlauf der Wiederholungen dieses Spieles und der Wahlmöglichkeit verändert sich die Haltung der alten Menschen enorm. Manche demenziell veränderte Menschen sind zunächst mit der Aufforderung zu wählen überfordert. Sie schließen die Augen, haben einen ratlos fragenden Blick oder äußern offen ihre Ablehnung. Meine Aufgabe ist es, Reduzierungen zu finden, um die Teilnahme am Geschehen zu ermöglichen. Zum Beispiel lege ich das Knäuel der Seidentücher zur Seite und biete nur die Wahl zwischen zwei Farbtüchern, oder ich treffe eine Wahl und spreche das so aus: „Ich suche für Sie eine Farbe aus!“ Manche Gruppenteilnehmer begegnen dem Angebot mit Formulierungen wie z.B. „Ach, ist ganz egal, gib mir nur irgendeins.“ Das lehne ich freundlich ab, mache aber das Angebot, eine gute Wahl für denjenigen zu treffen. Im Verlauf der Wochen mit den Wiederholungen dieses Angebotes verändert sich die Haltung der Teilnehmer, die Achtsamkeit und Bedeutung nimmt zu, es wird immer selbstverständlicher, eine Entscheidung zu treffen, ob die Lieblingsfarbe oder der passende Farbton zur Bekleidung, oder auch Erinnerungen an Stereotypen: „Rot ist die Farbe der Liebe, gelb die der Falschheit, grün der Hoffnung.“ So kommen wir ins Gespräch oder auch zum Lied „Grün, grün, grün sind alle meine Kleider.“

Wir fühlen die Tücher mit den Fingern, eine Frau reibt den zarten Stoff an der Wange, wir greifen diese Idee auf, manche haben das Tuch auf ihren Beinen liegen und spüren vielleicht die Wärme und Leichtigkeit. Wir versuchen mit den Tüchern verschiedene Bewegungen, die mit beiden Händen, aber auch mit nur einer Hand möglich sind. Ein einfacher Sitz-Tanz (s. John, 2003 und Kruse, 2011) mit leichten Schwingbewegungen wird zu unserem Repertoire und es bedarf, wie alle Angebote, häufiger Wiederholungen, um damit vertraut zu werden.

Such mir eine Farbe aus

Musik: P. M. Haas, "D`accord!"
© Spiel Akkordeon, Brühl
Text: M. Marchand

Wir singen zunächst nur die erste Strophe. Eine Wiederholung ohne Text auf einfache La-La-La-Laute erleichtert die Bewegungen mit den Tüchern dazu. „Gib mir mal die große Pauke!" Herr Ribbert hat nun wirklich keine Lust, ein zartes Tüchlein zu schwingen und ich freue mich über seine Initiative, für sich eine Alternative zu finden. Gerne bringe ich ihm sein Instrument.

Diese kleine eingängige Melodie wird schnell vertraut. So wird die Erweiterbarkeit durch zusätzliche Instrumente möglich (zur methodischen Einführung s. Kapitel 9). Eine einfache Bass-Stimme auf Klangstäben ist für einige Teilnehmerinnen der Gruppe spielbar. Auf einen Hocker stelle ich jeweils die in den Noten ersichtlichen vier Töne, die einzeln nicht nach Tonhöhe, sondern nach Tonfolge geordnet werden, vor die Instrumentalistin und übe diesen Part einzeln und auch gemeinsam. In der Begleitung unseres Gesangs passen diese Töne, und rhythmisch kann ich durch mein Gitarrenspiel führend oder unterstützend einwirken.

Unser Lied wird nun auch musikalisch bunter. Wir singen die erste Strophe mit Begleitung von Gitarre und Pauke, die Wiederholung mit dem La-la-Gesang und den schwingenden Tüchern wird unterstützt durch die Metallophon-Stäbe. Unser Lied verlangt nach einem dritten Teil, einer Pause, bevor es in die zweite Strophe geht. Mit fünf (diese Zahl kann auch reduziert werden) Sopran-Klangstäben bekommt ein Spieler die Möglichkeit, alleine mit Unterstützung der Gitarre zu improvisieren. Die Akkorde der Gitarre garantieren ein harmonisches Klangbild zu den ausgewählten Tönen.

Töne zur Improvisation

Frau Kortmann nimmt das Angebot zögerlich an. Sie spielt ein Solo auf den Stäben, ganz vorsichtig, aber allen Mut aufbringend, die Anspannung ist zu spüren, alle sind konzentriert. Als sie endet, hören wir noch in die Stille hinein, und ich spreche mein Erleben aus: „Alle waren sehr konzentriert und haben Ihnen zugehört, Ihre Töne waren so schön zu hören und wir waren alle ganz gebannt." – „Das beschämt mich ein wenig", erwidert sie, und dabei ist ein stolzes Lächeln in ihrem Gesicht zu erkennen. „Ist dieses Gefühl, beschämt zu sein, Ihnen gerade angenehm oder eher unangenehm?" – „Dass es unangenehm ist, kann ich nicht sagen, aber ich bin es nicht gewohnt, im Mittelpunkt zu stehen und das tue ich auch eigentlich nicht gerne." – „Wir haben Ihre Klänge genossen, es war schön, Ihnen zuzuhören." – „Ich habe es beim Spielen gespürt, dass alle Augen auf mich gerichtet waren, obwohl ich sie nicht gesehen habe."

Wir singen die weiteren Strophen im Wechsel mit den Instrumentalteilen und zunehmend wächst das Zutrauen und die Lust und Freude am Solospiel.

# 8. Freies Musizieren mit Instrumenten

Musik ist Klang, der aus der Stille heraus ertönt und wieder in der Stille endet.

Neben anderen möglichen Definitionen für Musik stelle ich diese als Grundidee für unser Musizieren vor. Bei unserer Musik geht es nicht darum, schöne Musik zu machen, sondern wir wollen klingen und tönen, ohne etwas zu planen. Es gibt keine falschen oder richtigen Töne, sondern wir spielen mit unseren Klängen, und wissen vorher nicht, was erklingt. Jeder Einzelne entscheidet immer wieder für sich, ob und wie er spielt, auch welches Instrument. Diese Art des Musizierens nennen wir Improvisieren. Mit dem neuen Begriff wird deutlich, dass wir uns von den herkömmlichen Vorstellungen des Musizierens abwenden.

Ich bin immer wieder erstaunt darüber, mit wie viel Neugier und Freude sich viele alte Menschen auf diese für sie ja sehr ungewohnte Art des Musizierens und der Instrumente einlassen. Es gibt natürlich auch Scheu und Vorbehalte, die ich sehr ernst nehme. Das langsame Vertrautwerden mit den Instrumenten ist nötig, wenn der kleine Plastik-Shaker schon zu schwer erscheint oder die Größe der Paukentrommel einen zu lauten Ton erwarten lässt, den man fürchtet oder der Gruppe nicht zumuten möchte. In jeder neuen Stunde wird mir als Leiterin bewusst, wie enorm die Lernfähigkeit und damit die Entwicklungsmöglichkeiten der alten Menschen mit z.T. schweren demenziellen Veränderungen sind. Das Lernen in der Demenz wird in den Prozessen der Improvisation sichtbar und hörbar. Methodisch ist es nötig, diese Entwicklungen langsam für jeden Einzelnen und für die Gruppe zu ermöglichen.

Das Angebot der Instrumente ist reduziert und besteht zu Beginn nur aus Klanghölzern, kleinen Schellenkränzen, Maracas (Rumba-Rasseln) und Shakern verschiedener Größen, kleinen Handtrommeln, Kalabassen und Röhrentrommeln. Jeder Teilnehmer wählt das Instrument, das er spielen möchte. Körperliche Einschränkungen machen dabei oft Vorgaben, die eine wirklich freie Wahl nicht ermöglichen, wenn z.B. die eigene Kraft beschränkt oder nur eine Hand beweglich ist. Später kommen mit anderen Instrumenten und technischen Hilfsmitteln wie Stativen und Schlegeln mehr Möglichkeiten ins Spiel, aber der Beginn ist bestimmt von dem Gedanken, zunächst Vertrautheit zu schaffen. „Meine Bewegung erzeugt einen Klang, ich bestimme darüber. Ich mache nichts falsch. Das Spiel der anderen ist angenehm, mein Spiel gehört dazu."

Die Entscheidungsfähigkeit des Einzelnen über die Wahl eines Instrumentes ist sehr unterschiedlich. Für manche bleibt es für lange Zeit eine zu hohe Anforderung und verursacht Unsicherheit, sodass ich ein Instrument anbiete. Andere sind mit der Auswahl zwischen zwei Instrumenten ausreichend gefordert, und wieder andere Teilnehmer zeigen von ihrem Platz eindeutig auf das in der Kreismitte liegende Instrument, welches sie gerne spielen möchten. „Gib mir ein ganz kleines!" oder „Ich möchte meins!" (das Gewohnte der letzten Wochen) oder auch „Das ist mir ganz egal!" (Und wenn ich dann eines wähle, geht der Blick an mir vorbei auf ein anderes Instrument, welches noch auf der Decke liegt, aber es wäre zu schwer für den Teilnehmenden, es zu beschreiben oder den Namen zu finden.)

Für Herrn Fischer ist es eine Zumutung, wenn ein Instrument durch die Farbe oder Form an ein Spielzeug erinnert. „Bin ich hier etwa im Kindergarten, oder was?" – „Sie haben Recht, Sie brauchen ein richtiges Instrument." Ich biete ihm ein halbrundes, schwarzes Tambourin an, das er zustimmend ergreift.

Frau Zettel (demenzerkrankt, Halbseitenlähmung, Aphasie) ist sehr ausdrucksgewandt in ihrer Mimik und Gestik. Diese Bewegungen sind voller spannender Äußerungen, die ich leider meistens nur vermuten kann. Dabei ist der Ausdruck oft sehr schelmisch und verschmitzt, als wäre dort immer etwas, was lustig ist. In einem Spielzeugladen sah ich eine Klapperfigur, die mich faszinierte, weil ich bei dieser Puppe an Frau Zettel aus der Gruppe gedacht habe. Ich kaufte das kleine Instrument und legte es zur nächsten Stunde mit zum Instrumentenbestand.

Beim Austeilen der Instrumente halte ich Frau Zettel drei Instrumente zur Auswahl bereit, sie greift zielstrebig zu dieser Klapperpuppe. Ausgiebig betrachtet sie das Gesicht, die Mütze, fühlt die Nase und probiert das Zuklappen des Mundes. Ich erzähle ihr, wie es zum Kauf dieses Instrumentes gekommen ist. Zum Ende der Stunde sammle ich die Instrumente wieder ein und verabschiede mich mit Handschlag. Frau Zettel drückt die Klapperpuppe an ihren Bauch und ihr Blick geht sehr deutlich an meinem vorbei zur Decke und zur Seite. „Frau Zettel, ich möchte mich von Ihnen verabschieden." Keine Veränderung ihrer Blickrichtung, aber die Hand schiebt sich mit der Klapper unter den gelähmten Arm, um sie noch sicherer zu verstecken. „Frau Zettel, ich glaube, Sie möchten das Instrument gerne behalten.“ Sie schaut mich an und lächelt übers ganze Gesicht. Auch als ich ihr die Zusage mache, ihr das Instrument zu leihen und ihr nicht wegnehmen werde, ist der obligatorische Handschlag nicht möglich, sie hält lieber die Klapperpuppe im Versteck.

Für das Instrumentenangebot lassen sich keine Regeln aufstellen. Die Vorlieben oder Abneigungen sind sehr individuell. Ist es ein Shaker aus Holz oder ist es ein bunt bemalter Plastik-Ball, ist es eine große Pauke oder eine kleine, bunt gestaltete Handtrommel, ich weiß vorher nicht, wofür sich der Teilnehmer entscheidet. Ich habe zwar eine Vermutung, die mir eine Empfehlung naheliegend erscheinen lässt und werde doch immer wieder überrascht. Ich stelle Auswahlmöglichkeiten bereit und unterstütze die Teilnehmer dabei, ihre Wahl für sich zu treffen. Ich respektiere Abwehrhaltungen als sehr legitime Wahl. Jede Abwehr ist eine Entscheidung und beinhaltet neben dem Nein ein Ja für etwas anderes, das mich neugierig macht.

Auch die Handhabung der Instrumente ist individuell und bringt oft interessante Spielweisen hervor. So kann das sanfte Schaukeln der Triangelhalterung Klänge und Bewegungen entstehen lassen, die meine Vorgabe der Spieltechnik enorm erweitert.

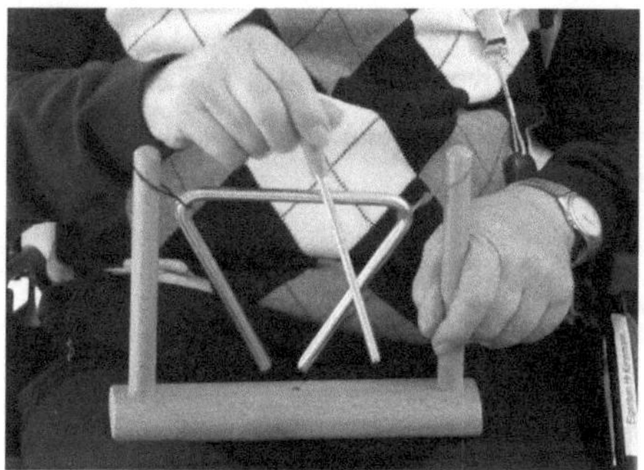

Meine Hilfestellungen und Ideen zu Spieltechniken sind erst dann wichtig, wenn Unzufriedenheit mit der Klangerzeugung oder der Körperhaltung deutlich wird.

Eine kleine, weichklingende Djembe wähle ich als Instrument und klemme sie zwischen die Knie. Gut hör- und sichtbar bin ich als Leitung wahrzunehmen. Meine Hände sind frei für zusätzliche Gesten.

## 8.1 Stille – Klang – Stille (Variante A)

> Bitte halten Sie Ihr Instrument ganz still. Ich bin die Dirigentin. Wenn ich beginne, zu spielen, spielen Sie bitte mit. Wenn ich aufhöre, hören Sie bitte auf und werden still.

Diese kleine Spielidee von Lilli Friedemann aus den 1970er Jahren begleitet mich schon mein ganzes Berufsleben und ich bin immer noch fasziniert von der Zauberkraft dieser kleinen Übung und dem, was daraus entstehen kann. Denn jede Spielidee birgt eine Weiterentwicklung, schon deshalb, weil ich die Zusage, dass man nichts falsch machen kann, auch wirklich so meine.

Ich beginne ein arrhythmisches Spiel auf der Trommel, vorsichtig und langsam, aber laut genug, dass auch Schwerhörige nicht nur die Bewegungen, sondern auch den Klang wahrnehmen. Vorsichtig und langsam ertönen einzelne Instrumente. Die Teilnehmerinnen und Teilnehmer, die meine Worte nicht verstanden haben, sehen erstaunt auf das Geschehen in der Gruppe. Manchmal bedarf es aufmunternder Gesten durch mich und meiner Kollegin, dem Instrument einen Klang zu entlocken. Mir ist bewusst, wenn ich einfach in einem Metrum trommeln würde, wäre der Einstieg leichter, und dies bleibt als methodische Hilfe in meinem Hinterkopf, auf die ich ggf. zurückgreifen könnte. Aber wenn es die Gruppe insgesamt nicht verunsichert, beginne ich arrhythmisch, um Raum zum Entdecken des Klanges und der dazugehörigen Bewegungen zu geben und die Vielfältigkeit hörbar zu machen.

Das Ende dieser Spielphase mache ich durch einen Akzent sehr deutlich. Viele halten inne, manche klingen weiter, hören dann, dass die Gruppe leiser geworden ist und beenden auch ihr Spiel. Herr Dammer trommelt noch mit einem weichen

Schlegel, sein Klang ist kaum zu hören, eher durch die Bewegungen zu erahnen. Er schaut mit konzentriertem Blick in die Runde, und hält plötzlich inne. Gerade ist es still, da streckt Frau Zettel den Schellenkranz in die Höhe und versucht ganz schnelle Bewegungen, ihr Körper ist angespannt, in ihrem Gesicht ein offenes, tonloses Lachen, bis sie erschöpft den Schellenkranz in ihren Schoß legt. „Diese Spielphase hat durch Sie eine Zugabe bekommen. Sie haben so viel Energie und Kraft in Ihrem Klang, es war für mich eine Freude, Ihnen dabei zuzuhören und Sie zu sehen."

Diese Spielidee wird zu unserem festen musikalischen Repertoire in vielen Varianten, die ich im weiteren Verlauf beschreibe. In den ersten Wochen dient sie dazu, die „Regeln", die unser Musizieren bestimmen sollen, zu vermitteln.

1. Wenn wir mit den Instrumenten improvisieren, verzichten wir aufs Sprechen.
2. Jeder Klang ist richtig, es gibt keinen falschen, auch ein Nichtspielen ist richtig.
3. Jede Spielidee kann sich im Spiel verändern.

Ein anfänglicher Störfaktor ist die sprachliche Zurechtweisung einiger Teilnehmer durch andere Gruppenteilnehmer, Kommandos wie z.B.: „Psssst ...", „Hallo, Sie sind dran!", „Ruhe jetzt!", „Jetzt ist aber Schluss!" Diese Reglementierungen während des Spiels zu vermindern, ist ein Balanceakt der Diplomatie. Zurechtweisungen durch mich oder andere Gruppenteilnehmer sind eine Umgangsform, die eine wohlwollende und einfühlende Atmosphäre verhindern. Aber diese Äußerungen sind ja auch Regelverstöße, die erlaubt und gewünscht sind. Sie sind Ausdruck der Aufmerksamkeit dem anderen gegenüber und dienen dem Ausdruck des eigenen Befindens oder eigener Wünsche. Es ist meine Aufgabe, „Übersetzungen" zu finden, die dieses im positiven Sinn ausdrücken.

Herr Ribbert spielt anhaltend laut auf der Pauke, alle anderen haben ihr Spiel lange beendet, Frau Lennart ruft streng: „Ende!" Herr Ribbert hält inne. Die ganze Gruppe ist erleichtert. Herr Ribbert wirkt beschämt, lächelt darüber hinweg. Ich wende mich an ihn: „Für mich klang Ihr Spiel auf der Pauke so, als wollten Sie noch nicht aufhören. Sie hätten noch lange weiter spielen können." – „Ja, das haben Sie richtig erkannt", antwortet er. Ich versichere ihm, dass es hier in dieser Gruppe für ihn noch viel Gelegenheit gibt, die Pauke zu spielen und bedanke mich bei Frau Lennart für ihre Initiative, da ich gespürt habe, dass es für die Gruppe auch anstrengend sein kann, so lang zuzuhören.

## 8.2 Die große Pauke gibt den Ton an

> Wenn Sie auf der Trommel spielen, spielen alle mit,
> hören Sie auf, wird auch die Gruppe still.

Meine angedacht Fortentwicklung des „Spiels aus der Stille“ ist natürlich, dass die Teilnehmerinnen und Teilnehmer die „Dirigentenrolle“ übernehmen, doch dieses wird oft erst durch einige Umwege möglich. Unsicherheiten und Überforderungen sollen vermieden werden, ich möchte Orientierung geben, wenn Hilflosigkeit deutlich wird. Diese Achtsamkeit will ich auch gerade in den musikalischen Spielprozessen deutlich werden lassen. Ich nehme als Instrument eine große Buffalo-Trommel und einen weichen Schlegel. Als „Dirigentin“ bin ich gut hör- und sichtbar und bestimme den Beginn und das Ende der Spielphase.

Die Buffalo-Trommel, 40 cm im Durchmesser, ist auf der Rückseite mit Schnüren überkreuz verspannt, sodass man die Trommel mit einer Hand halten kann und sich der schwingende, tiefe Ton gut entfaltet. Für jeden Teilnehmer der Gruppe ist das Instrument mit einem Schlegel spielbar. Durch die Größe ist der Aufforderungscharakter des Instrumentes sehr stark. Manche Teilnehmer beginnen ohne Hemmungen darauf zu schlagen, mit Lust und Freude über den Klang, der dadurch entsteht. Viele aber sind zögerlich und vorsichtig. Dieses zaghafte Herantasten und mutiger werdende Entfalten ist ein spannender Prozess.

Ich gehe mit der Trommel zu Frau Trab und bitte sie, mit dem weichen Schlegel den Ton anzugeben, Dirigentin zu sein. Mit wenigen Worten erkläre ich erneut das Spiel. „Wenn Sie auf der Trommel spielen, spielen alle mit, hören Sie auf, wird auch die Gruppe still.“ – „Ich??? Nein, das kann ich nicht.“ – „Das haben Sie ja auch noch nie gemacht. Es ist neu und ungewohnt. Ich möchte Ihnen Mut machen, es auszuprobieren, hier können Sie nichts falsch machen, ich halte Ihnen die Trommel." Frau Trab nimmt zögerlich den Schlegel und beginnt vorsichtig, die ersten Töne sind kaum wahrnehmbar, sie werden langsam kräftiger und Frau Trabs Körperhaltung entspannt sich zunehmend. In ihrem Gesicht zeigt sich ein stolzes Lächeln, als sie einen klaren Schlusspunkt setzt. Nicht nur die Zugewandtheit und körperliche Nähe zu Frau Trab, sondern auch die direkte Schwingung des Klangs hilft mir bei der Wahrnehmung der Schwingungen und Stimmungen. Ich bedanke mich bei ihr, dass sie den Mut hatte, dieses Spiel auszuprobieren, und sage auch, dass ich ihre Töne als angenehm erlebt habe. Aber ich habe die Gruppe dabei fast vergessen und ich frage in die Runde: „ Haben Sie mitgespielt? Haben Sie die Trommel gehört?"

Ich selbst habe in der Konzentration auf diesen Kontakt die Gruppe kaum wahrgenommen. Diese Intensität in der Einzelbegegnung wird durch die Gewissheit der Präsens meiner Kollegin erst möglich und bekräftigt den Wert und die Notwendigkeit einer Co-Leitung in der Gruppe.

Ich gehe mit der Trommel zu Frau Geldorf. Ein offenes Lachen im Gesicht, aber der Kopf schüttelt ein deutliches „Nein". „Ach, Mädchen, ich habe früher Gitarre gespielt, das glaubst du nicht, wir waren zu fünft, gesungen haben wir auch." Und sie erzählt von Reisen mit ihrer kleinen Band zu Schlössern und Kirchen und hat einen verträumten, sehnsüchtigen Blick. Dann verweist sie auf ihren gelähmten Arm: „Tja, da kann man nichts machen." – „Sie würden lieber auf der Gitarre spielen als auf der Trommel?" – „Nein, das kann ich nicht mehr, aber ich sehe immer genau zu Ihnen. Ich sehe, wenn Sie C-Dur greifen oder D-Dur, daran habe ich Freude. Und dieses Schloss (An der Wand hängt ein Gemälde von einem Wasserschloss.), dort haben wir in England gespielt, in diesem Schloss." (Dieses Schwärmen über ihre vergangene glückliche Musikerinnenzeit hat in den nächsten Monaten immer wieder einen Platz.) Erneut halte ich Frau Geldorf den Schlegel zu ihrer beweglichen linken Hand und biete ihr das Spiel auf der großen Trommel an. Jetzt kann sie beginnen.

Die Erzählungen über körperliche Einschränkungen ist ein dringendes Anliegen. Schwäche in der Hand, Schmerzen, Schwerhörigkeit oder Sehprobleme, Atemnot und Herzschwäche, diese Berichte über körperliche Beschwerden machen den Wunsch nach Schutz- und Schonraum sehr offensichtlich und ich gehe nicht achtlos darüber hinweg. Oft ist dieser kleine Raum für die Erzählung schon ausreichend, um offen für das Spiel auf der Trommel zu sein, aber es gibt auch andere Wege, die sich daraus ergeben.

Frau Heinz klagt über Herzschmerzen und fühlt sich sehr schwach. Ich bestätige sie darin, sich Ruhe und Entspannung zu gönnen und sich nicht anzustrengen, sondern sich entspannt zurückzulehnen und das Geschehen in der Gruppe zu beobachten.

Herr Dammer möchte sofort gerne spielen, aber seine Bewegung ist so schwach, dass kaum ein Ton zu vernehmen ist. Er wird zunehmend verbitterter und verkrampfter. Ich unterbreche sein Spiel, formuliere meine Wahrnehmung und schlage vor, ihm einen anderen Schlegel zu geben. Er nimmt den angebotenen Schlagzeugstick an und wird zufrieden mit seinem Klang, der von der Gruppe nun wahrnehmbar und mitspielbar wird.

Frau Weller schüttelt still den Kopf, als ich mit der Trommel auf sie zukomme. Ich nehme einen zweiten Schlegel in meine Hand und sie nimmt ihren. Ich beginne ein vorsichtiges Spiel auf der Trommel und Frau Weller bemüht sich zaghaft, aber mit klarem Willen und einem fröhlichen Lächeln, um vereinzelte Töne. Die Gruppe bemerkt unser intensives Herantasten, hält still und beobachtet und erlebt unser Spiel und vergisst darüber ihren Einsatz.

Die Überwindung von Hemmschwellen, die jeweils individueller Interventionen bedarf, ist oft mit viel Freude und Stolz verbunden, mit Erleichterung und Verwunderung über sich selbst. Erst später, wenn dieser Schritt ausreichend geübt und selbstverständlich geworden ist, wird das Zusammenspiel mit der Gruppe bedeutend.

Frau Gärtner ist nach wie vor eingenommen von ihrer unbestimmten Wut. Sie boxt zur Begrüßung, zwischen Spaß und tiefem Ernst, unser Ritual ist es, dass ich so lange bei ihr bleibe, bis ich ihre Faust in meinen Händen streicheln darf und sie auch meine Hände streichelt, manchmal sogar mein Gesicht. Oft schimpft sie dann im Verlauf der Stunde leise vor sich hin „Was soll der Tinnef?" und schüttelt dabei mit verbitterter Mine den Kopf, ihre Arme hat sie dabei vor ihrer Brust verschränkt. Sobald wir aber singen, wippt der Fuß mit und die Lippen bewegen sich stumm zum Text. Mit ausreichendem Abstand frage ich Frau Gärtner, ob sie heute die Pauke spielen möchte. „Geh mir weg damit!" antwortet sie prompt und laut. Ich hatte das erwartet. Eine deutliche Zeit später, als ich mit der Trommel zu einer anderen Teilnehmerin unterwegs bin, tritt mich Frau Gärtner von hinten in die Wade. Ein Raunen geht durch die Gruppe, sie lacht hämisch und herausfordernd. Ich verstehe erst allmählich, was passiert ist und weiche den neuerlichen Tritten von Frau Gärtner aus, die sich in ihrem Lehnstuhl behände lang streckt. Ich bin sehr verunsichert in diesem Moment, ich bin in Sorge, ob ich durch mein Verhalten und mein Spielangebot ihre Wut zu sehr reize, weiß aber auch, dass ich mich dieser Situation stellen muss und Frau Gärtner damit nicht alleine lassen darf. „Ich glaube, Sie wollen mit mir kämpfen", sage ich aus sicherem Abstand. „Na, komm schon her", fordert sie mich auf. Ich gehe in die Hocke, damit ich ihrer kleinen Statur entsprechend auf Augenhöhe bin und halte die große Trommel als Schutzschild vor mich und bewege mich langsam in ihre Richtung. Ihre Füße strecken sich zur Trommel, die ersten Töne werden hörbar. In der Streckung hat Frau Gärtner nicht so viel Kraft, wie sie sich wünscht und rutscht in ihrem Stuhl zurück in eine gerade Haltung. Ich weiche mit der Trommel etwas zurück, wenn mir ihre Tritte zu heftig erscheinen. Dann nimmt sie die Fäuste hinzu, ich nehme weiter die Trommel als Schutzschild, aber es verliert für mich an Bedeutung. Ihr geht es nun darum, die Trommel zu treffen und meine Vermutung ist, dass sie es ärgert, dass die Töne nicht laut genug sind. Ich hebe den am Boden liegenden weichen Schlegel auf. „Frau Gärtner, ich habe den Eindruck, sie wollen noch lauter und kräftiger auf die Trommel schlagen, sie können es mit diesem Schlegel versuchen. Ich halte dabei die Trommel." Sie nimmt den Schlegel und entspannt sich zunehmend. Mit kräftigen Tönen hämmert sie auf das Trommelfell. Dann hält sie erschöpft inne. Ich lege die Trommel aus Rücksicht auf die Gruppe zur Seite, obwohl ich spüre, dass Frau Gärtner nur eine kurze Pause macht. „Wir machen eine kleine Pause. Frau Gärtner, Sie sind so wütend." – „Natürlich bin ich wütend, und wie ... da soll man nicht wütend sein." – „Auf wen sind Sie so wütend?" – „Auf wen schon, was für ,ne blöde Frage, auf meinen Verlobten, er ist in Russland, er hat mir versprochen, er kommt zurück, und was ist, ich warte und warte und er kommt nicht. Da soll man nicht wütend sein?" – „Er hat Ihnen versprochen, er kommt zurück und ist nicht zurückgekommen." – „Ja, erst der Krieg und dann die Gefangenschaft und er ist nicht gekommen." – „Und Sie haben so viele Jahre gewartet. Da kann ich Ihre Wut verstehen. Da haben sie allen Grund, so wütend zu sein." Frau Gärtner ist erschöpft und ich gehe zurück auf meinen Platz, um den Fokus von ihr zurück in die Gruppe zu legen.

In der Arbeit mit demenziell veränderten Menschen ist es für alle Mitarbeiter, egal ob in der Pflege oder im Sozialen Dienst, eine große Herausforderung, sich den emotionalen Nöten der Betroffenen zu stellen. Das Schlimmste, was den alten Menschen geschehen kann, ist, wenn wir als begleitende und betreuende Menschen versuchen, zu überspielen, zu überhören und wegzusehen, weil wir selbst Angst haben, mit diesen aufbrechenden Wunden nicht umgehen zu können. Gerade in musikalischen Spielprozessen wird der Zugang zu emotionalen, nichtsprachlichen Erinnerungen angeregt. Wir brauchen eine innere Haltung, die uns ermöglicht, tiefen Schmerzen, Ängsten, Traurigkeit und auch aufbrechenden Traumata ihren Platz zu geben, den sie fordern. Es ist in diesem Kontext nicht unsere Aufgabe, diese Wunden zu heilen, aber wir können durch unsere Begegnung zur Heilung beitragen, zumindest aber einer Verschlimmerung entgegenwirken.

1. Ich sehe und höre Ihre Nöte und Ängste
2. Ihre Gefühle sind richtig, sie haben ihren Grund
3. Sie sind nicht alleine, ich bin bei Ihnen

Diese Grundsätze (Feil, S. 15ff. und Baer, Wo geht's denn, S. 94ff.) sind der minimale Ersthilfe-Ansatz, den wir zu leisten imstande sein müssen. Oft ist für leidende Menschen allein schon der Ausdruck, das „Öffentlich-Machen" des Schmerzes eine Entlastung. Darüber hinaus ist die Würdigung „Ich sehe, ich höre Ihren Schmerz, ich nehme ihn ernst, er hat seinen Platz und er hat seine Gründe." eine ganz wesentlich Zusage, die zur Linderung beiträgt. Gerade im musikalischen Prozess haben wir die Möglichkeit, jemanden zu begleiten, zu verstärken, zu unterstützen, zu beschützen, zu spiegeln und ihm damit ein greifbares Gegenüber zu sein, wie im Beispiel des „Kampfes" mit Frau Gärtner oben dargestellt.

Frau Fatz ist „Dirigentin" an der Buffalo-Trommel, ich halte die Trommel für sie, ein Arm der seit vielen Jahren im Rollstuhl sitzenden und mit vielen körperlichen Gebrechen gezeichneten Frau ist gut beweglich, aber bedingt durch eine Spastik nicht sehr gezielt steuerbar. Mit großer Konzentration schlägt sie vorsichtig die ersten Töne, mal lauter, mal leiser, schneller und langsamer, sie probiert aus und hält dann an einem gleichbleibenden Metrum fest, spielt dieses klar und ausdauernd. Das Spiel der Gruppe verebbt, nur die Trommelschläge von Frau Fatz erfüllen den Raum. Ich kann ihre Gestik und Mimik aufgrund ihrer Spastik schlecht verstehen, aber ihr Trommelspiel klingt klagend und anklagend und ist für mich in der Intensität nur schwer auszuhalten. Die Atmosphäre in der Gruppe ist sehr gespannt, mit Aufmerksamkeit auf das intensive Geschehen. Frau Fatz weicht meinem Suchen nach Blickkontakt aus und trommelt ihre verzweifelt klingenden Töne. Tränen laufen über ihr Gesicht und in mir wächst der Wunsch, sie nicht weiter alleine zu lassen und so folge ich dem Impuls und wage mich vorsichtig mit meiner freien Hand auf die Trommel. Zunächst spiele ich ihre Töne mit, nur mit den Fingerkuppen. Frau Fatz' Blick richtet sich nun auf die Trommel. Ich setze Zwischentöne, klopfe an, ich streiche mit der flachen Hand übers Trommelfell und wir kommen miteinander ins Spiel. Unser Spiel endet, als der Schlegel und meine Hand nebeneinander ruhig auf dem Trommelfell liegen. Frau Fatz ist erschöpft, sie lehnt sich entspannt zurück. Nach einem Moment der Stille versuche ich, ihr auch mit Worten eine Rückmeldung zu geben. „Sie waren vorhin so traurig. Ich habe Ihre Verzweiflung gehört und wollte Sie damit nicht alleine lassen, deswegen habe ich mich mit auf die Trommel geschlichen. Ich hoffe, dass ich das durfte." Frau Fatz sieht mir in die Augen und lächelt zustimmend.

Frau Barell nimmt den angebotenen Schlegel und die Buffalo-Trommel mit einem schelmischen Lächeln entgegen. Sie schaut in die Runde und vergewissert sich der Aufmerksamkeit der Gruppe. Ein klarer Schlag auf die Trommel, dann verharrt sie in der Bewegung und schaut gespannt in die Runde und freut sich diebisch, dass sie es geschafft hat, uns alle mit diesem superkurzen Spiel zu überraschen.

Auch Frau Zettel schafft es, die Gruppe in eine angenehme Verwirrung zu führen. Sie spielt auf der Trommel einige Schläge. Sobald die Gruppe das Spiel aufgenommen hat, bricht sie ab. Ist die Gruppe still, legt sie wieder los, und so geht das Spiel hin und her und Frau Zettel hat ihre helle Freude, bis die Gruppe das Spiel verweigert.

Frau Kortmann will gerne den Part der Trommelspielerin übernehmen. Zielstrebig und mit festem Griff nimmt sie den Schlegel, dann spielt sie sehr zaghaft, zögerlich, fast ängstlich schaut sie dabei in die Runde. „Frau Kortmann, bei Ihrem Spiel hatte ich den Eindruck, Sie machen sich Sorgen um die Gruppe, ob es anderen nicht vielleicht zu laut sein könnte." – „Ja, ich will ja nicht aufdringlich sein." Stellvertretend für Frau Kortmann frage ich in die Runde, ob es jemandem zu laut gewesen ist. Verneinungen und auch spaßige Sprüche wie „So schnell haust du mich nicht um!" lockern die Situation auf.

„Habe ich das gut gemacht", fragt Frau Eckstein nach dem Ende ihres Spieles, als sie mir den Schlegel gibt. „Ja, Frau Eckstein. Das war sehr gut. Ich habe gern die Trommel gehalten und Ihre Töne gehört. Die Gruppe hat mit Ihnen gespielt und als Sie leise waren, wurde auch die Gruppe still."

Diese kleinen vielfältigen Sequenzen fasse ich im Anschluss an die Spielphase kurz mit Worten zusammen, wissend, dass es für Einige unbedeutend ist, Worte zu hören, die Gewesenes beschreiben. Auch ist das Erleben für mich so sichtbar, dass Worte nichts verdeutlichen. Aber oft erfordert die Situation noch eine besondere Würdigung und auch Erklärungen für die Gruppe. Zudem verschafft die sprachliche Ebene einen Abstand zum Geschehenen und gibt uns eine nötige Pause.

## 8.3 Stille – Klang – Stille (Variante B)

> Bitte halten Sie Ihr Instrument ganz still. Einer von uns ist Dirigent.
> Wenn der Dirigent beginnt zu spielen, spielen alle mit.
> Ist der Dirigent still, werden alle still.

Durch die Spielphasen auf der großen Trommel, die den Dirigenten deutlich sichtbar und hörbar machen, wird das Spiel für alle vertraut, auch für diejenigen, die meine sprachlichen Erklärungen nicht verstehen. Wir wagen uns nun vor, ob es auch möglich ist, mit anderen Instrumenten, z.B. einem kleinen Shaker, „den Ton anzugeben" oder Dirigent zu sein.

Herr Altmann wählt immer die Klanghölzer als Instrument. Es sind quasi seine und jeder in der Gruppe weiß das auch. Er spielt so zart und vorsichtig, dass selbst meine geübten Ohren kaum einen Laut vernehmen. Er schafft es aber durch seine

Konzentration und Ernsthaftigkeit mit nur minimalen Handbewegungen, die Gruppe ganz leise zum Erklingen zu bringen. Natürlich ist mein unterstützendes Spiel auf der Djembe dabei für die Gruppe Orientierung, aber die Spannung geht von diesem Dirigenten aus. Diese Spielphase findet in der Geste sein Ende, indem Herr Altmann anstelle der Klopfbewegung mit dem rechten Klangholz über den linken streicht. Zufrieden schmunzelt er in die Runde.

## 8.4 „Ich gehe voran, bitte gehen Sie mit!"

> Wir machen einen Spaziergang zusammen und ich gehe voran.
> Wenn ich loslaufe, gehen Sie bitte mit, bleibe ich stehen, so
> bleiben alle stehen.

Diese Spielidee macht das Bild vom Dirigenten sehr viel einfacher deutlich. Sind die Hemmungen zum freien Spiel sehr groß, ist es angezeigt, mit diesem Bild das Improvisieren zu beginnen. Aber es verengt die Spielmöglichkeit im musikalischen Sinne sehr. Durch die Übung der oben ausgeführten Spielphasen werden die Möglichkeiten des eigenen Spieles vielfältiger ausprobiert. In diesem Spielmodell ist sehr schnell ein einvernehmliches Metrum gefunden. Die Assoziation der musikalischen zur körperlichen Bewegung ist vertraut. Wir machen große Schritte und kleine, wir gehen schnell oder langsam, mit einem festen Tritt oder setzen die Füße sachte voreinander, diese Bilder sind transportierbar. Die Aufforderung, eigenes Tempo und eigene Dynamik im Spiel zu transformieren, lässt sich nicht umsetzen. Aber auch der Spaß und die Freude am gemeinsamen Metrum sollen ihren Platz erhalten. Schnell ist es möglich, im Bild dieses Angebotes Weiterentwicklungen auszuprobieren und damit musikalische Parameter und Spielweisen zu üben.

- Waldspaziergang
  „Wir machen uns gemeinsam auf zu einem Waldspaziergang. Bitte gehen Sie mit mir, jeder in seinem Tempo, nicht im Gleichschritt, manche haben große Schritte, manche eher kleine, aber wir bleiben beieinander .... Bald erreichen wir den Wald .... Weicher Boden und das Laub machen unseren Schritt langsamer und leiser .... Es geht bergauf, mühsamer wird unser Schritt .... Es geht bergab, wir werden schneller .... Der Weg wird matschig, es ist feucht .... In einer Mulde eine große Pfütze .... Ein umgestürzter Baum versperrt den Weg. Stopp, wir springen hinüber mit einem großen Satz .... Wir hören Vogelstimmen, halten inne und lauschen .... Es beginnt zu regnen .... Wir möchten wieder nach Hause, unsere Schritte werden schneller, von weitem sehen wir wieder Häuser, wir rennen und erreichen ein schützendes Dach."

Solch eine Bewegungsgeschichte entsteht mit Ergänzungen der Teilnehmer, nicht alle werden klanglich umgesetzt, aber wir geben jedem Einfall einen Raum dadurch, dass wir pausieren und lauschen (oder z.B. Rehe beobachten, uns ruhig verhalten, wenn Wildschweine mit ihren Frischlingen den Weg kreuzen. In eine Stille spielt plötzlich jemand mit den Klanghölzern und eine Teilnehmerin ruft: „Da ist ein Specht.")

Für viele Teilnehmer ist es an Worten zu viel, es ist nicht möglich, vorgegebene Assoziationen mitzuvollziehen, weil dafür ein gezieltes Erinnern nötig wäre. Daher verzichte ich weitgehend auf diese assoziativen Improvisationsspiele, weil ein Großteil der Gruppe diese Vorgaben nicht verstehen kann und ein sichtbares Gefühl von „ich weiß mal wieder gar nicht, worum es hier geht" verbreitet. Diesem Erleben möchte ich durch die Spielangebote entgegenwirken, und mein Eindruck hat sich bestärkt, dass die Spielangebote sich auf das beziehen sollten, was wirklich gerade passiert und sich nicht auf Erinnerungen oder Imaginationen stützen.

## 8.5 „Ich gehe mit!" – „Ich gehe nicht mit!"

> Wir gehen alle mit, nur eine Spielerin geht nicht in unserem Schritt. Sie versucht sogar, uns aus dem Takt zu bringen.

Ausgehend von der Idee des Spazierganges, in dem durch ein gemeinsames Metrum eine selbstverständliche Gemeinsamkeit entstanden ist, gebe ich nun auf meiner Djembe einen klaren Rhythmus vor, den alle übernehmen. Viertel, viertel, halbe, „ich geh mit" spreche ich im Metrum dazu, wir üben das eine Weile. Dann nehme ich das bisher unbekannte Agogo und stelle den lauten, metallenen Glockenklang und die Spielweise vor.

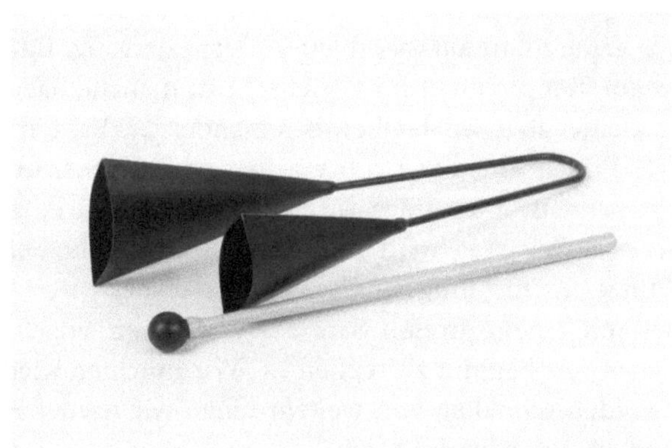

Ich gehe zu meiner Kollegin und bitte sie, diesen Part mit dem neuen Instrument in unserem Spiel zu übernehmen. Ich nutze sie als Modell, als Beispiel für alle, die ganz interessiert sind, dass etwas Neues passiert. Ihr Spiel beginnt erst, wenn die Gruppe den gemeinsamen Rhythmus sicher spielt.

Frau Lennart möchte gerne das Agogo spielen. Sie probiert vorab die Klangmöglichkeiten, wundert sich über das Gewicht (Ich biete ihr an, das Instrument zu halten, aber es ist ihr nicht zu schwer.) Ich merke, dass ihr diese Spielidee entgegenkommt, da sie sich damit von der Gruppe absetzen kann. Sie probiert verschiedene Schlegel, der harte Filz ist ihr noch viel zu leise, sie entscheidet sich für einen Schlagzeugstick, der durch ein kleines Gummi am Kopf abgemildert ist. Während der Spielphase dreht sie diesen Stick um, damit der Klang noch durchdringender wird. Sehr gezielt wird ihr Spiel ein Gegensatz zu unserem Metrum, eigenwillig, laut und stark. Arrhythmisch setzt sie unserem starken Metrum deutlich andere Akzente. Ich sehe ihre Spielfreude und das Erstaunen in der Gruppe, bei manchen auch Verwirrung. Nach Ende der Spielphase spreche ich meine Wahrnehmungen aus und wende mich an Frau Lennart: „Ich hatte alle Mühe, bei unserem Gleichschritt zu bleiben, ihr Spiel war so interessant und ideenreich.“ – „Das war auch sehr anstrengend, das ist ein schönes Instrument“, entgegnet Frau Lennart.

Frau Barell ist bereit zum Spiel auf der Agogo. Ich erkläre nochmals die Spielidee und die Gruppe beginnt ihren Rhythmus zu spielen. Frau Barell stimmt synchron in dieses Spiel ein, gut hörbar, und unternimmt keinen Versuch uns „zu stören“. „Sie haben das Spiel der Gruppe unterstützt, das war klar herauszuhören, sie haben uns nicht verunsichert, sie sind mit uns gegangen und haben uns bestärkt.“ Niemals weise ich eine musikalische Aktion einer Spielidee unter. Ich würdige das Geschehen, so wie es ist. Eine Spielidee ist immer nur ein Angebot, eine Vorlage, wenn ein Teilnehmer diese nicht umsetzen kann oder möchte, oder eine andere Idee im Sinn hat, respektiere ich das. Vielleicht waren bei diesen Frauen unterschiedliche Anliegen gerade wichtig, die ihren Ausdruck musikalisch fanden: „Ich gehe mit“ und „Ich gehe nicht mit“.

Anfänglich war meine Idee, diese Agogo-Spieler einen anderen Weg gehen zu lassen, vielleicht Kriechen durchs Gebüsch, Klettern über Bäume, Springen über Bäche, doch zunehmend hat sich mein Eindruck bekräftigt, assoziativen Vorgaben zu vermeiden, um das wirkliche Tun und Erleben zu würdigen und wichtig zu nehmen. Es ist so viel präsenter als Bilder, die ich vorgebe. Dabei kann es im Spielgeschehen immer wieder geschehen, dass Bilder bei den Spielenden entstehen, von denen sie erzählen.

## 8.6 Solo im Kreis

> Ich beginne auf meinem Instrument zu spielen, ganz allein, Sie hören mir zu. Wenn ich mein Spiel beendet habe, ist meine Nachbarin an der Reihe und spielt alleine auf ihrem Instrument. Wenn sie ihr Spiel beendet hat, ist der nächste Spieler im Kreis an der Reihe.

Diese Übung erfordert Geduld und Aufmunterung. Viele Unsicherheiten treten dabei hervor, die aber durch Wiederholungen im Laufe der Zeit abnehmen. „Bin ich dran? Bin ich richtig? Habe ich das gut gemacht?", diese Fragen werden wieder und wieder von mir bejaht und zustimmend versichert. Auch übernehme ich durch Blickkontakt und aufmunternde Gesten Hilfestellung, wenn Unklarheiten zutage treten (wenn z.B. ein Teilnehmer schläft oder zum Ausdruck bringt, dass er nicht spielen möchte).

Herr Ribbert spielt lang anhaltend auf seiner Trommel, ohne ein Ende zu finden, sein Spiel und seine wache Haltung macht auf mich nicht den Eindruck, dass er die Spielidee vergessen hätte, sondern es erscheint mir platzergreifend und provokativ, daher schreite ich noch nicht ein, sondern beobachte das Geschehen in der Gruppe. Einige Teilnehmer wenden sich mit ihrer Aufmerksamkeit und ihrer Konzentration ab, andere murmeln ihren Unmut vor sich hin. Plötzlich schnellt Frau Leyen, die Sitznachbarin von Herrn Ribbert mit ihrem Schlegel vor, schlägt auf ihn ein und ruft laut: „Schluss jetzt!" Wir sind alle erschrocken, es ist ganz still. Ich fühle mich schuldig, weil ich es versäumt habe, zu intervenieren. Herr Ribbert hat einen hochroten Kopf, er wirkt beschämt und ist ganz starr, Frau Leyen wendet sich zur Seite und sieht auf den Fußboden. „Puuhh ...", ich atme laut aus und fordere alle auf, dies auch zu tun. (Ich brauche eine Denkpause und Erstarrung braucht Atem.) Ich wende mich an Herrn Ribbert: „Ich mache mir gerade Sorgen um Sie, hat Ihnen der Schlag weh getan?" – „Ach was", überspielt er, „da bin ich anderes gewöhnt, ich halt' schon was aus." – „Ich denke, Frau Leyen war so zornig auf Sie, weil Sie so lange gespielt haben." Ich wende mich an Frau Leyen: „Ist das so?" – „Ja, ich will doch auch noch drankommen, ich war doch an der Reihe." – „Sie haben geglaubt, dass Sie sonst nicht mehr zu Ihrem Solospiel kommen!" – „Ja". Ich versichere ihr, dass ich darauf achte, dass sie „an die Reihe" kommt. An die ganze Gruppe gewandt entschuldige ich mich für mein Versäumnis, hier nicht gut geleitet zu haben und unser Spiel findet seine Fortsetzung.

## 8.7 Stille – Klang – Stille (Variante C)

> Bitte halten Sie Ihr Instrument ganz still. Wir beginnen zusammen zu musizieren und hören auch gemeinsam auf. Wir brauchen dafür keinen Dirigenten. Wenn die ersten Klänge beginnen, spielen wir, werden die Klänge still, hören wir auf.

Das Spiel auf den Instrumenten wird uns immer vertrauter. Mutiger und sicherer werden damit die immer wiederkehrenden Spielideen umgesetzt und erweitert. So ist unser Spiel aus der Stille nun zu einer Improvisationsidee geworden, die keinen verabredeten Dirigenten mehr benötigt, aber viele Dirigenten hat. Mal ist es nur eine zufällige Bewegung des Schellenkranzes, dessen Klang eine ganze Gruppe in Bewegung versetzt, mal sind es gezielt Spielvorgänge von einzelnen Teilnehmern. Auch die musikalischen Bezüge während des Spiels werden vielfältiger, jemand gibt einen rhythmischen Akzent, der von anderen aufgegriffen wird, jemand steigert sein Tempo und zieht damit die ganze Gruppe mit. Es ist eine Freude für alle, wenn wir in solchen Improvisationen merken, was wir musikalisch schon geübt haben und wie wir von unsicheren Einzelakteuren zum Gruppenmusizieren gekommen sind.

Natürlich hält sich die Gruppe nicht an die Vorgabe des gemeinsamen Endes, und genau dann wird es nochmal spannend. Das Spiel der Gruppe verebbt, eine Spielerin spielt weiter, aus welchen Gründen auch immer (automatisierte Bewegung, Unaufmerksamkeit, Wunsch nach Fortführung des Spiels, Hervorheben des eigenen Tuns) und plötzlich steigt jemand aus der Gruppe wieder ins Spiel ein, ein Dritter gesellt sich dazu, die anderen lauschen dem Trio oder alle stimmen ins Spiel wieder ein. In einer anderen Spielphase wiederum kehrt nach einer großen dynamischen Steigerung und hohem Tempo plötzlich Stille, die dann von Lachen erfüllt wird. Es gibt auch Spielphasen, die keinen Einklang oder Zusammenhalt in der Gruppe finden, jeder bleibt in seinem Spiel ohne Bezug, auch das spreche ich als Phänomen aus, es ist o.k.

Frau Holz ist neu in der Gruppe. Unsere freie Improvisation ohne „Dirigent“ mit sehr vielen arrhythmischen Bestandteilen und vielfältigem Klanggeschehen verwirrt sie. Sie versucht, sich an meinem Spiel zu orientieren, findet aber keinen Ansatzpunkt, der ihr ein Mitspielen ermöglichen könnte. Sie schüttelt den Kopf, versucht es wieder und schließlich gibt sie genervt auf. Nach Ende der Spielphase spreche ich sie an: „ Frau Holz, Sie haben sehr konzentriert versucht, mitzuspielen, aber irgendetwas hat Ihnen nicht gefallen.“ – „Ja, ich wollte so spielen wie Sie, und immer, wenn ich dachte, jetzt mache ich es richtig, haben Sie wieder etwas anderes gespielt, das war mir zu schnell, das kann ich nicht.“ – „Ja, das war nicht möglich. Möchten Sie gerne, dass wir einen gleichen Rhythmus spielen?“ Sie bejaht und so gebe ich einen festen Rhythmus vor, den die Gruppe mitspielen kann und sie wirkt sehr erleichtert und strahlt anschließend. „Das war richtig!“ Für Frau Holz als ehemalige Grundschullehrerin ist dieses „richtig“ ein ganz wesentlicher Haltepunkt und es dauert viele Wochen, ehe sie sich aus der gesicherten „Richtigkeit" des Musizierens an freie Tonfolgen auf den klingenden Stäben wagt.

## 8.8 Tutti – Solo – Tutti

> Wir gehen spazieren, alle zusammen. Da erklingt plötzlich der helle Klang der Triangel (ich spiele ihn an, zwei/dreimal, um es zu demonstrieren) und wir bleiben stehen und lauschen so lange dem Klang, bis wir nichts mehr hören, dann gehen wir weiter.

Unser vertrautes Bild des gemeinsamen Spaziergangs – losgehen und stehen bleiben – benötigen wir nur noch als Einstieg. Die große Triangel wird in einem Ständer gehalten und ist damit auch für alle spielbar. Sie ist angenehm in der Tonlage (nicht zu hoch) und wunderbar herauszuhören. In diesem Spielmodell ist es gut möglich, neue Instrumente einzuführen. Die Spielidee ist schnell vertraut, unser Musizieren mit diesen Improvisationsspielen wird für die Teilnehmer selbstverständlich und mit Freude angenommen und zunehmend von Leichtigkeit umgeben.

Als Soloinstrumente werden die Ocean-Drum, das große Becken am Stativ und die Chimes sowie das Monochord eingeführt. Neue Instrumente sind spannend, aber auch für einige zunächst bedrohlich. Eine Ocean-Drum in den Händen, mit unkalkulierbaren, relativ lauten Klängen bleibt für die meisten Teilnehmer eine Überforderung, für einige ist die Einsichtigkeit in die Bewegungen der kleinen Kugeln eine große Freude. Das große Becken mit Schlegel gespielt gibt trotz sehr schwacher Arme und Hände einen hörbaren Impuls. Je nach Möglichkeiten und Wünschen des Spielers habe ich durch das Angebot unterschiedlicher Schlegel Einfluss auf die Lautstärke und Klangfarbe (weicher oder harter Filz, Stick oder Holzbesen). Die Chimes am Stativ ermöglichen ähnlich wie die Ocean-Drum die Sichtbarkeit der Bewegung und Entstehung des Klanges und wird von vielen sehr gerne gespielt, obwohl ich vermute, dass der hohe, sanfte Klang von vielen kaum zu hören ist. Auch das Monochord ist sanft und eher leise im Klang, ist aber aufgrund der Größe für viele zunächst bedrohlich. Methodisch kann es hilfreich sein, das Monochord zunächst aus der Distanz mit einem Filzschlegel zum Erklingen zu bringen. Für den Einsatz neuer Instrumente gilt wie für alles das behutsame Herantasten. Ermuntert werde ich von interessierten Fragen: „Haben Sie uns heute wieder etwas Neues mitgebracht?"

## 8.9 Tutti – Solo A – Tutti – Solo B – Tutti

Ohne Vorgabe wird es zunehmend möglich, Spielformen festzulegen, die mit dieser hier vorgeschlagenen Struktur schon sehr umfangreich werden und zunächst mein Dirigat erfordern. Die Solospieler treten durch außergewöhnliche, optisch und klanglich besondere Instrumente hervor. Für mich ist es nicht immer ersichtlich, ob ein Solospieler sich seines Auftrages bewusst wird. Natürlich schlage ich diesen Part zunächst den Teilnehmern vor, von denen ich denke, dass sie den Ablauf des Geschehens mit verfolgen können. Mit der Zeit und den Wiederholungen wird dieses Solospiel für fast alle Teilnehmer spielbar und es kommt natürlich zu wunderbaren Duos.

## 8.10 Tutti – Duo – Tutti

> Die Gruppe spielt auf ihren Instrumenten, bis ein Solospieler mit seinem (klanglich herausragenden) Instrument das Spiel unterbricht. Dieser Solo-Spieler hatte sich vorher schon einen Partner gewählt, der das Solo zu einem Duo werden lässt.

Diese Spielidee knüpft an die vorangegangene Spielidee an, wird aber erweitert durch die Partnersuche und auch die Wahl der Solo-Instrumente. Diesem Spielmodell geht schon ein längeres Üben voraus und bedarf auch oft noch leitender Anregungen, wenn mein Spiel auf der Trommel für die Gruppe das Tutti signalisiert oder ich mit aufmunternden Gesten das Duo bestärke, seinen Klangraum zu gestalten.

## 8.11 Langsam – schnell

> Aus der Stille heraus beginnt unsere Musik sehr langsam. Wir werden dann schnell und schneller, bis es keine Steigerung mehr gibt.

Dieses Spiel ist mehr als eine Übung zum musikalischen Parameter Tempo. Wenn in unserem freien Spiel eine diffuse Spannung schwingt, biete ich dieses Spiel gerne an, weil es mit großer Ernsthaftigkeit ausgestaltet stets in einem lauten, befreienden Lachen der Gruppe mündet, das allen gut tut und nach dem wir uns eine deutliche Pause gönnen. Dabei ist unser ‚langsam' gerne von ‚leise' begleitet, das ‚schnell' von ‚laut'.

## 8.12 Wir spielen alle leise – eine kleine Melodie spielt dazu

Dem Solospieler über dem Klangteppich der Gruppe stelle ich auf einem kleinem Tisch oder Hocker 2 bis 5 Töne der ‚Klingenden Stäbe' bereit. Erst wenn die Gruppe ihren leisen Klang gefunden hat, beginnt der Spieler und probiert auf den unterschiedlichen Tönen. Dieses Improvisationsspiel rückt die ‚Klingenden Stäbe' als Melodieinstrument in den Vordergrund. Nach dem freien Spiel auf den Rhythmusinstrumenten ist diese Klangentfaltung nun mit den Möglichkeiten der unterschiedlichen Töne überraschend anders.

Nach den oben ausgeführten Spielmodellen ist es für manche Gruppenteilnehmer aber selbstverständlich geworden, ihr Spiel zu beenden, wenn ein lauteres Klanginstrument erklingt. Daher schafft dieses Spielmodell manchmal Verwirrung. Meine Kollegin und ich stehen als Modell und zur Unterstützung bereit und es bleibt gültig, dass jedes Spielmodell ein Angebot ist, das sich im Spiel verändert.

## 8.13 Ein Rhythmus für alle

Ich spiele einen kleinen Rhythmus vor, bitte spielen Sie mit.

Der Wunsch zum Spiel im gemeinsamen Metrum ist groß. Dieses entnehme ich den freien Improvisationen, die vielfach in solch einem Einklang münden und den Eindruck des zufriedenen Getragen-Werden vermitteln. Als Dirigentin beginne ich mit sehr einfachen Motiven.

Meine Bitte an einzelne Teilnehmer, die Dirigentenrolle zu übernehmen, um einen Rhythmus vorzugeben, trifft wie bei allen neuen Spielmodellen auf sehr unterschiedliche, häufig zurückhaltende Reaktionen, die sich aber im Verlauf der Wiederholungen entspannen. Oft ist dieser Fokus auf einen Einzelnen ein wichtiger Auslöser, um den momentanen Empfindungen einen Platz zu geben. Ich frage Herrn Fischer, ob er für uns die Dirigentenrolle übernehmen könnte und einen kleinen Rhythmus vorspielt. Seinen Schellenkranz hält er lustlos in der Hand; gebeugte Körperhaltung und Blick zum Boden verdeutlichen mir schon eine Weile seine Abwesenheit. „Ach, nein", er schüttelt den Kopf, „wie kann ich hier sitzen und Musik machen, meine Tochter wird heute operiert, sie hat Krebs, schon das zweite Mal, und ich sitze hier mit dieser Rassel und soll Musik machen, das geht doch nicht." – „Nein, Herr Fischer, das geht nicht, da haben Sie recht! Sie machen sich Sorgen um Ihre Tochter." – „Ja sicher, und ich sitze hier und kann nichts tun." – „Sie würden gerne bei ihr sein und ihr helfen." – „Ja sicher, aber ich kann ja nichts tun." – „Es tut mir sehr leid, dass Ihre Tochter krank ist. Sie machen sich Sorgen und denken an sie, das ist richtig. Sie sind der Vater." Nun setzt sich Herr Fischer aufrecht und nimmt Blickkontakt zu mir auf und es scheint, als sei schon, indem er von seiner Sorge und dem Gefühl der Ohnmacht erzählt, eine Last von ihm gefallen. Für meine Intervention ist es dabei unbedeutend, ob diese Erzählung einem realen Sachverhalt entspringt. Aus seiner Biografie weiß ich, dass es aufgrund seiner Alkoholprobleme zur Trennung von der Familie kam und vieles in seinem Erleben mit der fortschreitenden Demenz auf Schuldgefühle verdichtet wirkt, die um die Familie kreisen. So ist in seinem Erleben das Motiv der kranken Tochter auch in der Wiederholung nicht weniger ernst zu nehmen. Erst in seiner Abwehr gegenüber meiner Aufforderung konnte die Thematisierung seiner vorherrschenden Empfindung einen Ausdruck finden und erst danach wurde es Herrn Fischer möglich, am Spiel teilzunehmen.

Frau Thale möchte gerne einen Rhythmus vorgeben. Sie hält in ihrem Schoß eine kleine Djembe und in der Hand einen Schlagzeugstick, sie verschafft sich mit einem konzentrierten Blick in die Runde Ruhe und Aufmerksamkeit. Dann beginnt sie ihr Spiel mit lautlosen Lippenbewegungen. Für uns ist kein sich wiederholendes Motiv zu entdecken und bald merke ich, dass sie das Lied „Hänschen klein" trommelt und steige vorsichtig und leise in das Spiel ein. Konzentriert und mit einem Lächeln im Gesicht spielt sie den exakten Rhythmus des Liedes bis zum Ende und blickt stolz und auffordernd in die Gruppe. „Das war Hänschen klein" und sie beginnt laut zu singen und trommelt dazu, die ganze Gruppe spielt mit. Ich kenne nicht alle Strophen, die Frau Thale singt, bin aber tief gerührt von der Fröhlichkeit dieser 92-jährigen, körperlich schwer beeinträchtigten, geistig sehr regen und weisen Frau. Dieses Erlebnis bestärkt mich in der Annahme, dass es keine „zu leichten" oder „zu schweren", „zu kindlichen" oder „zu ernsten" Inhalte gibt, die sich in der Musik Raum verschaffen. Die Spielvorgabe durch Frau Thale findet eine lange Fortführung von getrommelten und gesungenen Liedern: von „Alle meine Entchen", „Häschen in der Grube" über „Ein Männlein steht im Walde" bis zu „Fuchs, du hast die Gans gestohlen".

Frau Holz hält ihren Schellenkranz bereit, ihr Blick ist sehr konzentriert und sie nimmt sich viel Zeit, ehe sie mit ihrem Spiel beginnt. In einem sehr langsamen Metrum setzt sie deutliche Akzente, doch der Gruppe und auch mir fällt es schwer, ihrem Spiel zu folgen. Mir kommen plötzlich ihre Erzählungen in den Sinn: Sie ist in Prag geboren und hat ihre Kindheit in Böhmen erlebt. Sie spielt einen für diese Region so typischen 7/8-Takt, und mit dieser Ahnung kann ich ihr Spiel so unterstützen, dass die Gruppe den Rhythmus aufgreifen kann.

Herr Ribbert übernimmt mit der Buffalo-Trommel die Dirigentenrolle. Mit einem klaren Rhythmus (𝄞 4/4 ♩ ♩ 𝅗𝅥 ) führt er die Gruppe an, lange und anhaltend, ohne eine Ende zu finden. Nach und nach beendet die Gruppe ihr Spiel, auch ich halte inne und beobachte Herrn Ribbert in seinem Spiel. Sein Klang wird leiser und doch zunehmend eindringlicher, in der Runde schließen einige die Augen, andere warten geduldig ab, was geschieht. Herr Ribberts Blick ist gesenkt in die Weite gerichtet, er scheint abwesend und vertieft. „Bum, bum, bum, …" klingt es, wie aus weiter Ferne. Ich habe kurz die Idee, in sein Spiel wieder einzusteigen, weil er so einsam wirkt, folge aber dann doch dem Impuls, es nicht so tun, zu groß ist meine Befürchtung, ihn zu „stören". Als er still wird, blickt er mich innerlich aufgewühlt an, ich bin erleichtert und denke: „ Gut, er ist wieder hier." – „Herr Ribbert, sie haben sehr eindringlich gespielt. Es klang für mich so, als wären Sie sehr weit weg gewesen und als wären Sie dort sehr alleine." – „Genau so ist es." Er holt tief Luft und beginnt zu erzählen, eine sehr lange Geschichte von seiner Zeit als Soldat in Russland, von der Kriegsgefangenschaft und der Familie, wo er aus Not den Honig geklaut hat und dem toten Baby, was einfach auf dem Küchentisch lag und wahrscheinlich gestorben ist, weil der Honig fehlte. Seine Stimme ist brüchig und er kämpft innerlich gegen seine Tränen, aber er erzählt und erzählt und lässt seine Tränen laufen. Als er fertig ist, bleibe ich zunächst still. Ich danke ihm, dass er uns von sich erzählt hat und formuliere, wie diese Kriegserlebnisse für ihn als Soldat schwer zu ertragen waren und immer noch sind. Zur Entlastung der schweren Atmosphäre in der Gruppe und auch der Erschöpfung des Herrn Ribbert schlage ich vor, noch einmal zu musizieren. „Sie haben uns eben einen Rhythmus gespielt, der sehr an Kriegsmarsch und Soldaten erinnerte, ich würde diesen Rhythmus gerne verändern, gibt es etwas anderes, das wir tun könnten, als marschieren?" – „Ja tanzen", wirft Frau Kortmann ein, „aber das durften wir ja früher nicht, wir mussten marschieren." – „Aber dürfen wir jetzt tanzen?", frage ich in die Runde. „Jetzt geht das nicht mehr, jetzt sind wir zu alt." „Eins, zwei cha, cha, cha" beginne ich zu sprechen und viele stimmen ein. Ich übernehme den Rhythmus auf der Trommel und die nächste Spielidee ist geboren (siehe das Kapitel 9.2 Es ist der Rhythmus, der uns trägt). Die Gruppe hält den Rhythmus und ich spiele auf der Gitarre rhythmisch Akkorde dazu und beginne „Down by the river" zu summen, bald singen wir zusammen, als Begleitung die Akkorde von der Gitarre und die „Tanzschritte" auf den Percussion-Instrumenten.

# 9. Lieder zum Singen, Texten und Musizieren

Die Improvisationsspiele machen das unbeschwerte Musizieren möglich. Das gewonnene Zutrauen in die eigenen Handlungsmöglichkeiten, die Sicherheit, nichts Falsches zu tun und das Gespür für das Wohlwollen in der Gruppe, dieses sind wunderbare Grundlagen, um auch angeleitete Musikstücke oder Spielsätze zu gestalten. Die Vermeidung von Überforderung bleibt ein wichtiger Grundsatz, Impulse aus der Gruppe und des Einzelnen bleiben wichtiger als die musikalische Vorlage. Und doch bleibt die Gefahr, dass wir für das Gelingen eines „musikalischen Produktes“ den Einzelnen aus den Augen verlieren könnten. Wir sollten sehr achtsam sein, um das zu verhindern, ganz auszuschließen ist es wahrscheinlich nicht. Aber dieses Risiko gehe ich ein. Die Freude über eine wohlklingende Gestaltung vermittelt solch ein Glück, darauf möchte ich nicht verzichten, auch wenn die Balance zwischen der musikalischen Anforderung und den Möglichkeiten schwer auszuloten ist und sich diese bei den alten Menschen oft plötzlich verändert. So wird lang Geübtes plötzlich als fremd erlebt oder motorische Fähigkeiten sind aufgrund progressiver Krankheitsverläufe mechanisch erschwert oder mental nicht mehr durchführbar.

Diesen Veränderungsprozess gilt es sehr behutsam zu begleiten. Das musikalische Miteinander bietet sich gerade dafür so dienlich an. Dem Erleben von Verwirrung und Verlust einen Ausdruck zu geben und darüber hinaus mit meiner und der Hilfe der Gruppe eine Gestaltung zu finden, die Veränderungen integrieren kann. Die Reduzierung oder Vereinfachung, das Vorspiel und die Improvisation sind wichtige methodische Hilfen.

Zum gemeinsamen Musizieren stehen uns fünf Elemente der Musik zur Verfügung, die wir nutzen können: Melodie, Bass, Harmonie, Rhythmus und Form.

Zur Formgestaltung haben wir durch die Improvisationen schon viel gelernt (Anfang-Ende; Vorspiel – Nachspiel – Zwischenspiel – Coda; Solo, Tutti, Duo).

Die Melodie ist mit unserer Gesangsstimme gut besetzt und der Rhythmus kann mit den Percussion-Instrumenten gestaltet werden.

Für die Bassstimme biete ich ‚Klingende Stäbe‘ im Alt-Tenor-Tonbereich aus Metall oder Palisander-Holz an. Bassstäbe sind aufgrund der tiefen Lage vom Klang nicht gut hörbar und auch für die praktische Nutzung nicht handlich.

Mit kleinen 15-saitigen Tischharfen, die jeweils auf einen Akkord gestimmt werden, wird die Harmonie spielbar.

Wir brauchen für die musikalische Gestaltung nicht immer alle Elemente. Mit den folgenden Beispielen führe ich nach und nach Ergänzungen ein. Für die Umsetzung bleibt es trotz der Vorlage wichtig, dass durch Reduzierung ein Gelingen eher möglich ist und auch durch die unterschiedliche Besetzung der Elemente ein Spiel nacheinander möglich bleibt und ein Chaos verhindert wird. (Im Spiel ist ein Chaos aber durchaus auch wünschenswert, es ist nur gut, wenn wir als Leitung wissen, wie wir da wieder heraus kommen.) Das Spiel geschieht ohne Noten oder Grafikvorlagen, auch ohne wortreiche Erklärungen.

Für die Umsetzung der folgenden Musikstücke sind acht Harfen nötig, die jeweils von der diatonischen Stimmung auf einen Akkord umgestimmt werden:
C-Dur – d-Moll – e-Moll – F-Dur – G-Dur – a-Moll – E-Dur – B-Dur (Ausführung s. Anhang)

Eine Person nimmt eine Harfe in den Arm oder, je nach körperlichen Erfordernissen, mit Kissen ausgepolstert in den Schoß. Mit einem Plektron zwischen dem Daumen auf der einen Seite und Zeige- und Mittelfinger auf der anderen kann dann durch das Streichen über die Saiten der volle Akkordklang hörbar werden. Wenn feinmotorisch das Greifen des Plektrons nicht möglich ist, helfen Finger- oder Daumenplektrons, die auf die Fingerkuppen aufgesetzt werden. Sollte der Arm die Hebebewegung nicht mehr ausführen können, helfen wir uns mit dem Anschlagen eines Holzbesens in schräger Haltung.

Die ‚Klingenden Stäbe' haben den großen Vorteil, dass die Töne in der nötigen Reihenfolge gestellt werden können, in der die Bassreihe notiert ist. Für die meisten Menschen ist die rhythmische Fähigkeit, ein durchgängiges Metrum zu halten, keine Schwierigkeit, aber die Merkfähigkeit, eine kleine Tonfolge mit Tonsprüngen zu bewältigen, ist häufig eine Überforderung. Bassreihen werden daher in den Musikstücken so gestellt, dass sie unabhängig von ihrer Tonhöhe in der zu spielenden Reihe stehen.

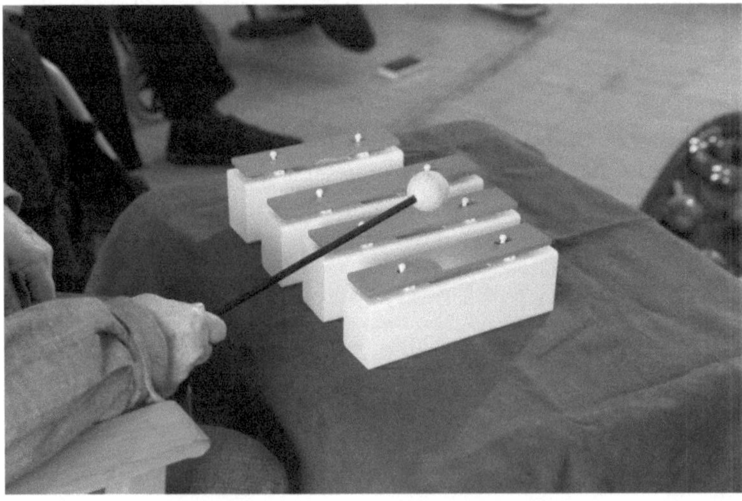

Um musikalisch sinnvolle Bassreihen zu spielen ist es gut, wenn zwei diatonische Sätze (c–c") vorhanden sind, um Tonwiederholungen leicht bereitstellen zu können. Wenn das nicht möglich ist, sind Töne oktaviert zu nutzen. Durch die unterschiedliche Beschaffenheit der Schlegel und der Spielweise ist für jeden Spieler dieser individuell auszuwählen (Länge, Umfang des Stiels, Material des Kopfes wie z.B. Holz, Filz, Gummi).

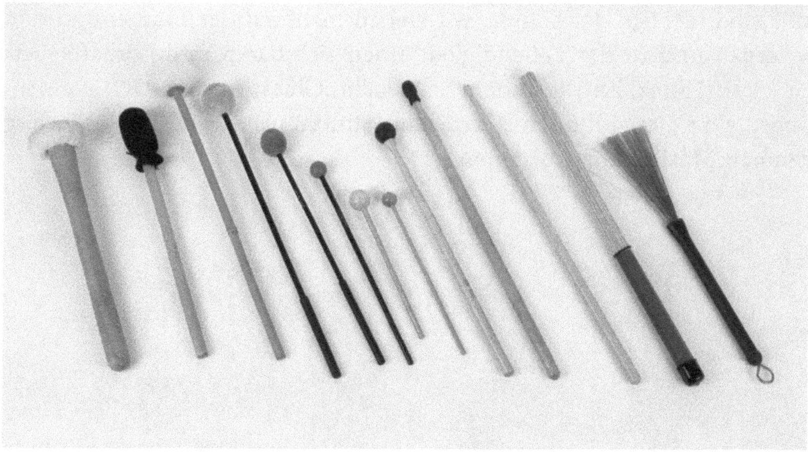

Zu Beginn ist es sehr wichtig, viel Zeit zur Einführung für diese beiden Spielparts zu belassen. Für manche ist die Scheu sehr groß, bei anderen müssen erst Hilfsstellungen gefunden werden, um das Instrument spielbar zu machen. In einfacher Besetzung kann nun unser Spiel beginnen, indem ich als Dirigentin mit der Gitarre im Arm und deutlicher Körpersprache das Spiel anleite; zunächst nur die Basstöne, die ich summend oder auf der Gitarre begleite, bis wir ein gutes Metrum erreicht haben. Das gute Metrum ist dabei jenes, das für den alten Menschen stimmig ist, bei dem ich aufgrund der Körperhaltung, Mimik und Atmung ein entspanntes, fließendes Handeln spüre. Meine Begleitung an der Gitarre hilft, dieses zu finden und zu festigen. Je nach den Möglichkeiten des Spielers ist eine Pause nötig, oder er ist schon in der Lage, das Motiv alleine fortzuführen.

Dann wird der Harfenstrich des zweiten Mitspielers geübt, einzeln oder bereits zusammen mit dem Bass, bevor der Gesang der Gruppe als drittes Element hinzukommt. Ich beschreibe dies hier so kleinschrittig, weil ich dem Erleben dieser Klänge und der damit verbundenen Wahrnehmung der eigenen Wirksamkeit einen Raum geben möchte. Schon das Zusammenspiel zwischen dem Bassmotiv und der Harfe, je nach Geschehen auch der Gitarre, ist mehr als nur die musikalische Begleitung des Liedes und das ist deutlich zu spüren.

Mit der Zeit ist es möglich, das Lied zu gestalten und zu dem beschriebenen Vorspiel auch ein Zwischenspiel einzuführen. Solche Zwischenspiele haben neben der musikalischen Formgestaltung die wichtige Funktion, den Instrumentalisten eine Pause zu gönnen und Raum für Solisten zu schaffen. Als Leitung und mit Hilfe meiner Gitarre initiiere ich kleine Improvisationen mit einzelnen Spielern z.B. Percussion und Gitarre, ‚Klingende Stäbe' und Gitarre, in der Weiterentwicklung auch Solos und Duos mit anderen Instrumenten. Diese Ausgestaltung ist je nach Möglichkeiten und Erfordernissen in der Gruppe zu entwickeln. Es geht nicht darum, eine Partitur umzusetzen, sondern wie bei den Spielmodellen zur Improvisation eine Vorlage zu haben, die musikalisches Miteinander initiiert und Erleben ermöglicht. Wir sind nicht in der Schule, wir stehen nicht auf der Bühne, und doch wollen wir lernen und in der Lebendigkeit einen sichtbaren und hörbaren Ausdruck finden: Neugier, Stolz, Zufriedenheit, Sehnsucht, Glück, es sind nach meinen Wahrnehmungen eher diese schönen „Gänsehaut-Stimmungen", die sich im Gelingen des gemeinsamen Musizierens ausbreiten.

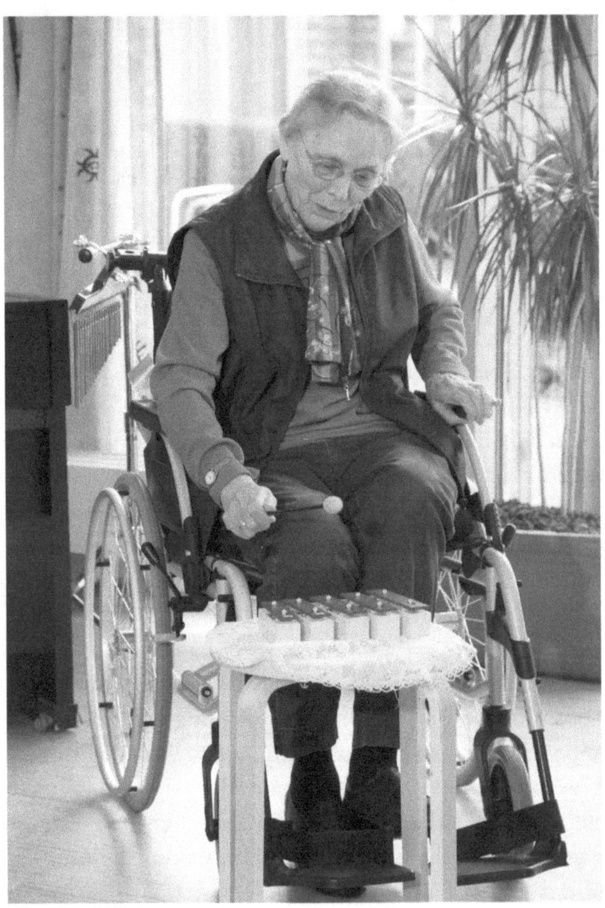

Die freie Improvisation eines Solisten auf ‚Klingenden Stäben', in der Regel durch mein Gitarrenspiel harmonisch gestützt, hat dabei den größten Stellenwert. Dazu biete ich die ‚Klingende Stäbe' der Sopran-Tonlage (c'-c'''), um diese klar von den nach Vorgabe zu spielenden Bassreihen unterscheidbar zu machen. Das Zutrauen, mit einer kleinen Auswahl von Tönen zu improvisieren, eine kleine Melodie ertönen zu lassen, ist den meisten Teilnehmern eher fremd, es scheint fast unheimlich. Auch ist es für Spieler, die oft den Part der Bassreihe übernommen haben, so eingeübt, eine Vorgabe im Gleichmaß zu spielen, dass weder Tonsprünge noch rhythmische Akzente zum Ausdruck kommen. Die Einführung und Übung der melodischen Improvisation bedürfen daher einer besonderen Aufmerksamkeit. Methodische Hilfen sind:

- meine Kollegin übernimmt diesen Part und bietet damit ein Modell,
- meine Kollegin spielt gemeinsam an einer Tonauswahl mit einer Teilnehmerin,
- meine Kollegin spielt an einem zweiten Instrument in direkter Nähe,
- Reduzierung oder Ausweitung der Töne,
- Durcheinanderstellen der Tonfolgen (ähnlich einer Schlitztrommel).

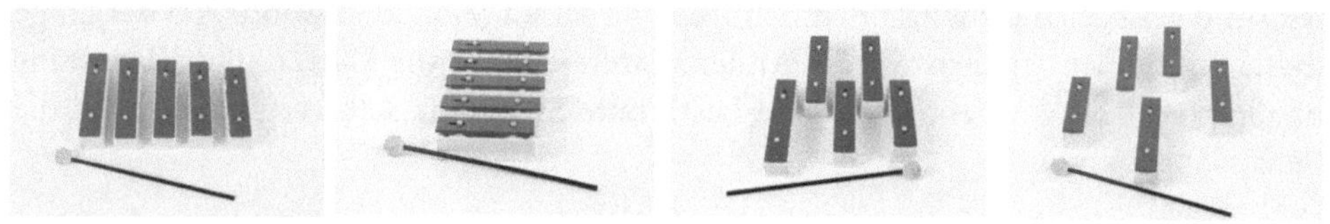

Wenn ich Tonfolgen verändere oder die Menge der Töne reduziere, formuliere ich immer in einigen Worten, warum ich das tue. Das ist wichtig, damit nicht der falsche Eindruck erweckt wird: „Ich mache etwas falsch, mir wird etwas weggenommen, ich bin nicht richtig." Meine Idee ist, die Vielfältigkeit der Klangmöglichkeit bekannt zu machen und nutzbar werden zu lassen und den Spieler zu ermutigen, „neue Wege" im Spiel auf den Stäben zu versuchen. Dazu sind diese Hilfestellungen nötig, gerade im Dialogspiel mit meiner Kollegin oder mir werden Tonwiederholungen, Sprünge und rhythmische Akzente plötzlich spielerisch entlockt und werden dann auch im Solospiel entfaltet. Meine Begleitung mit der Gitarre ist dabei immer eine Option, die hilfreich sein kann, aber auch störend. Für manche Spieler ist es spannend, diese Entscheidung zu treffen: alleine oder mit Unterstützung, z.B. mit Klavier oder Gitarre.

Der Kanon bietet musikalisch ein sehr komplexes Gebilde. Die harmonische Begleitung ist durch die stete Wiederholung sehr einfach zu gestalten, weshalb in den von mir gewählten Beispielen gerne Kanons vorgestellt werden. Den Gesang zur musikalischen Gestaltung halte ich aber vorzugsweise einstimmig. Natürlich gibt es immer auch Gruppen, in denen diese Vielfältigkeit gefordert wird und auch möglich ist.

Der methodische Weg besteht grundsätzlich darin, von der sehr einfachen, schlichten zur komplexeren Gestaltung zu gelangen, um dann auch immer wieder zum Ausgangspunkt zurückzugehen. Die Stimmen und Instrumente einzeln erklingen zu lassen, nur den Gesang, die Harfe, die Stäbe, oder langsam aufbauend mit Gesang und Harfe, eine Solostimme mit Stäben und Gitarre – die Varianten können sehr vielfältig sein. Neben dem musikalischen Erleben ermöglichen mir diese Reduzierungen Einzelkontakte und der Gruppe eine Pause. Bei aller Entfaltung, Übung und Fortentwicklung der musikalischen Gestaltung ist die Reduzierung auf den einzelnen Klang immer wieder hervorzuheben und Raum zu geben. Das einzigartige, individuelle Spiel ist ein wichtiges Lebensthema.

In den Spielmodellen gilt es, möglichst ohne Erklärungen auszukommen, durch unser Spiel kommen wir in das Geschehen und mein klares Dirigat durch Körpersprache ist wichtig. Dabei kann ich auf Besonderheiten variabel eingehen. Varianten und Veränderungen bleiben sinnvoll, je nach Impulsen einzelner Teilnehmer und Reaktionen der Gruppe.

Die Verteilung der Spielrollen geschieht selten aufgrund der Initiativen der Teilnehmerinnen. Einige wenige melden sich, weil sie gerne einen Part übernehmen möchten. In der Regel frage ich, indem ich mich direkt an jemanden wende, ob derjenige dieses Instrument spielen würde. Anders wird es, wenn die Harfen und Klangstäbe häufiger gespielt wurden, dann sind bestimmte Spielparts selbstverständlich an die Personen gebunden.

Natürlich wäge ich bei der Vergabe der Spielrollen die körperlichen Möglichkeiten ab, ich will im Erleben einen musikalischen Erfolg ermöglichen und keine Frustration. Aber ich bin dabei risikofreudiger geworden, denn viel öfter habe ich erlebt, wie eine Harfe im Arm die Aufmerksamkeit und Konzentration steigert und dann doch Klänge entstehen, die hörbar werden und Zufriedenheit und Stolz bewirken, als dass ein Gefühl der Überforderung oder des Leistungsdrucks entstehen könnte. Mit der Auswahl der Spielmodelle wie auch der Verteilung der Instrumente habe ich die Möglichkeit, einzelne Teilnehmer in den Fokus des Geschehens zu stellen, wenn es mir nötig und möglich erscheint.

## 9.1 Es ist die Harmonie, die uns verbindet

**Bruder Jakob**

Bruder Jakob trad.

Harfe: C-Dur

Bassreihe: c g c alternativ: c g c'

Improvisation: c' d' e' f' g' c''

Kanon

## Hejo, spann den Wagen an

Hejo, spann den Wagen an

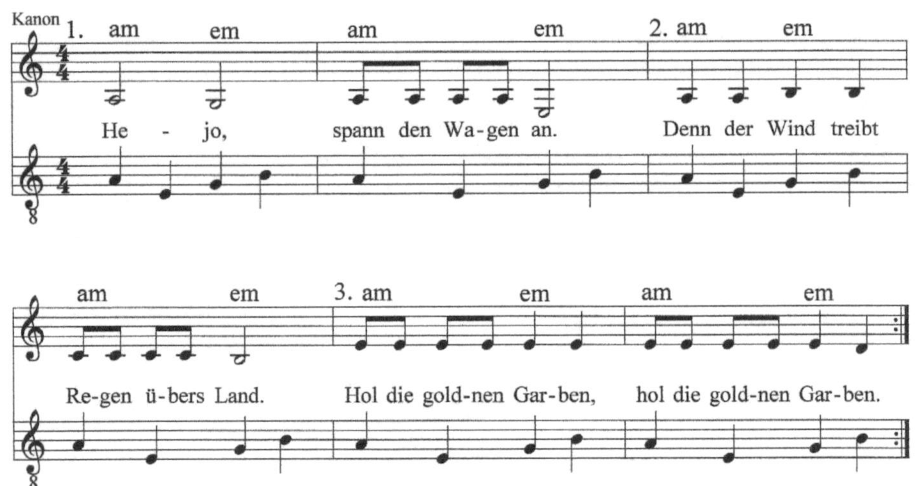


Bassreihe: a e g h (Vereinfachung Halbe a e )

Harfe: a-Moll und e-Moll

Rhythmus: oder

Improvisation: a' h' c'' d'' e''

Kanon

Die Harfen spielen im stetigen Wechsel, das erfordert Übung und ein klares Dirigat. Es ist vorteilhaft, wenn die beiden Spieler nicht zu nah beieinander sitzen, damit meine Körpersprache auch gut gedeutet werden kann.

Ich bring Frau Trab die Stäbe. Diese sind ihr vertraut und bei diesem Lied ist es unausgesprochen „Standard“, es ist ihr gut geübter Part. „Ach, ob ich das noch kann?“, fragt sie mich, greift aber entschlossen zum Schlegel. Bald merke ich, wie berechtigt ihre Selbsteinschätzung mit ihrer Frage ist. Sie kann es nicht mehr. Die Töne sind zwar klar und kräftig, aber am Ende der Tonfolge weiß sie nicht mehr, wohin der Weg geht. War ihr Spiel noch vor einer Woche fließend im Metrum, so ist es jetzt sehr langsam und stockend. Ich nehme einen Schlegel und spiele mit ihr, indem ich die Bewegung spiegelverkehrt mitmache, ohne den Ton zu erzeugen. Trotz mehrmaligen gemeinsamen Übens geht Frau Trab am Ende der Tonfolge den Weg auf den Stäben in umgekehrter Richtung zurück. Einzeln spiele ich auf der Gitarre dazu und ich versuche das Tempo zu steigern. (Ich muss wieder die Balance suchen, ob das „falsche", der orientierungslose Klang für Frau Trab erträglich ist, ihr gut tut, oder ob ich sie davor schützen muss. Hält die Gruppe den neuen Klang aus?)

Wir spielen dann das Lied in voller Besetzung, Frau Trab an den Stäben, mit Harfen und Pauke und mit dem Gesang der Gruppe. Die Musik klingt haltlos und zerfahren, weniger durch den Klang – die Töne der Stäbe verursachen keine schrillen Dissonanzen –, sondern durch das langsame Tempo und die Unsicherheiten. Nach dem Ausklang des Liedes entscheide ich mich für das Angebot einer freien Improvisation. Alle wählen ein Instrument, Frau Trab behält ihre Stäbe, ich gebe noch die Tonfolge a h c d e auf den Sopranstäben zur Auswahl, wozu sich auch eine Spielerin entschließt und spiele selbst Gitarre. „Wir spielen nun zusammen Musik. Wir sind erst still und fangen dann gemeinsam an und hören auch wieder zusammen auf." Dieses gewohnte Spielmodell ist so gut geübt, dass es niemanden mehr verunsichert. Der Klang, das Tempo und die zögerliche Stimmung dieser Improvisation ähneln zunächst dem vorangegangenen Lied. Aber die Atmosphäre wird zunehmend entspannter, die Percussion-Instrumente finden bald einen unaufdringlichen Rhythmus, der uns trägt. Mit der Gitarre biete ich einen harmonischen Rahmen, den ich von em / am zum G-Dur / am verändere. Frau Trab spielt lustvoll auf „ihrem" Instrument und wir genießen unsere Klänge.

Für diese musikalische Arbeit lassen sich zwei wichtige Aufgaben formulieren: Hörbar zu machen, was ist und spielbar zu machen, was sein kann.

Es wäre auch möglich gewesen, für Frau Trab die Bassstimme auf zwei Halbe mit a und e im Wechsel zu reduzieren. Damit wäre auch das Tempo für sie verlangsamt. Diese Option sollten wir immer in Betracht ziehen. Die Reduzierung von geübten Abläufen ist die Konfrontation mit dem Erleben von Verlust und führt meistens auch zur Verwirrung. Die spielerische Kompetenz dem musikalischen System anzupassen ist ein Weg, der andere ist, das musikalische System zu ändern und damit das Spiel zu ermöglichen. Die freie musikalische Improvisation mit Halt gebendem Rhythmus und harmonischem Grundgerüst ist nach meiner Erfahrung ein wunderbarer methodischer Weg, dem Klang des freien musikalischen Spiels einen ästhetisch würdigen Rahmen zu geben.

## Es tönen die Lieder

trad.

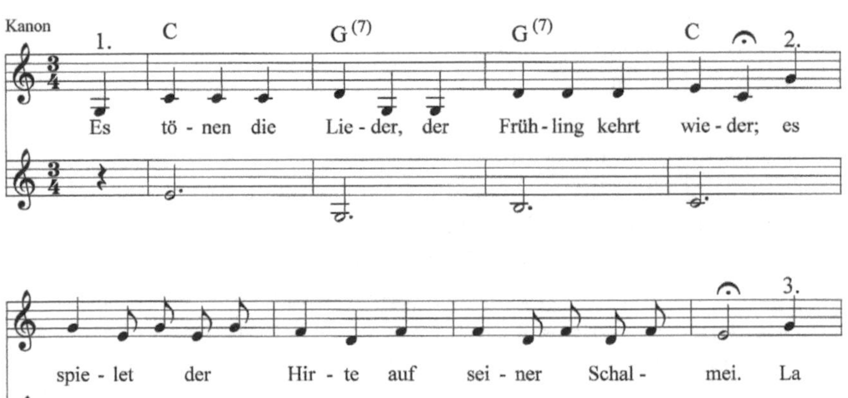

Stäbe: e' g h c'

Harfe: C-Dur und G-Dur

Rhythmus: oder

Improvisation: c' d' e' f' g' c''

Kanon

Die Harfenbegleitung ist in diesem Beispiel nicht abwechselnd zu spielen und fordert daher von den Spielern größere Aufmerksamkeit. Sobald das Spiel dann in Bewegung ist, wird das zweimalige Anspielen der Harfe schnell selbstverständlich, immer das wache Dirigat von mir vorausgesetzt. Für die klingenden Stäbe besteht der Vorteil, dass es musikalisch für den Wohlklang auch möglich ist, links oder rechts der Klangreihe zu beginnen, oder auch im Wechsel.

## Kommt ein Vogel geflogen

Kommt ein Vogel geflogen trad.

Ach, so fern ist die Heimat und so fremd bin ich hier,
und es fragt hier kein Bruder, keine Schwester nach mir.

Hab mich allweil vertröstet auf die Sommerzeit,
und der Sommer ist kommen und ich bin noch so weit.

Lieber Vogel, fliege weiter, nimm den Brief und `nen Kuss
und ich kann dich nicht begleiten, weil ich hierbleiben muss.

Stäbe: c' h g e'

Stäbe: Sopran g'

Harfe: C-Dur und G-Dur

Rhythmus:

Improvisation: c' d' e' f' g' c''

Wie bei so vielen dieser wunderbaren „kleinen" Volkslieder bringen die unterschiedlichen Textüberlieferungen Erstaunliches hervor. Die größte Übereinstimmung besteht bei der ersten und letzten Strophe. Der Gruß, den der Vogel bringt, birgt unterschiedliche Absender: die Liebste, der Liebste, die Mutter, der Vater, Bruder, Schwester, Großmutter usw. (Frau Barell bekommt einen Gruß von ihrem Sohn,

Herr Ribbert von einem gefallenen Kameraden.) Wir singen die Sehnsucht und Trauer, und mit diesem vertrautem Lied findet beides einen würdigen Ausdruck. Wir verfallen dabei nicht in melancholischer Depression, sondern gestalten diese Stimmung: „Ich bin hier! Weil ich hierbleiben muss …, will, darf, möchte, soll!“

Neben der Improvisation mit verschiedenen Sopran-Klangstäben ist es in diesem Musikbeispiel gut möglich, nur den Ton g bereitzustellen, der durch die Begleitung der Bassreihe und ggf. der Harmonien ein interessantes Klanggeschehen ermöglicht.

**Und wenn der Rebbe singt**

Und wenn der Rebbe lacht ...
ha ha ha ha ha

Und wenn der Rebbe weint ...
hu hu hu hu hu

Und wenn der Rebbe tanzt ...
tscha tscha tscha tscha tscha

Und wenn der Rebbe trinkt (säuft) ...
gluck gluck gluck gluck gluck

Und wenn der Rebbe schäft ...
Schrrr-Puu, Schrrr-Puu, ...

Dieses Lied bietet uns drei wichtige Gestaltungsfelder: den Sologesang, das rhythmische Gestalten des Refrains mit den Percussion-Instrumenten und das Erfinden neuer Strophen. Nachdem ich zum Einüben des Liedes über längere Zeit den Vorsängerpart übernommen habe, ermuntere ich die Teilnehmenden, diesen Sologesang zu singen. Manchmal sind Hilfestellungen nötig, um Scheu zu überwinden. Ich biete mich als Unterstützung an, oder meine Kollegin macht diesen Vorschlag. Der Mut wächst und zunehmend wird es für die meisten selbstverständlich, den Vorsängerpart zu übernehmen. Das sind sehr kostbare Momente, vorsichtig und sanft gebe ich durch mein Gitarrenspiel ein wenig Halt, mal ist es auch nicht mehr nötig. Oftmals sehr leise, mit sehr eigenwilligen Tönen und Tonlagen und Tempi wird aus dem kleinen Satz: „Und wenn der Rebbe singt“ eine Arie. Auch die Antwort der Gruppe begleite ich auf der Gitarre nur sehr spärlich um ggf. den harmonischen Kontext wiederzufinden. Diese konzentrierte Stimmung findet im Refrain mit freier Instrumentenbegleitung und den Lautierungen seine spaßvolle und dynamische Auflösung. Neue Strophen kommen hinzu, je nach Stimmung in der Gruppe kommen neue Ideen der Teilnehmer hinzu: „Und wenn der Rebbe isst …“, „... gähnt …“, „... hüpft …“, „... schimpft ...“, diese Tätigkeiten suchen dann noch die Entsprechungen in den Lauten, was dann ein lustiges Ausprobieren zur Folge hat und Unterstützung in Gesten erhält (z.B. zu Schimpfen ein strenges „na, na, na“ mit erhobenem Zeigefinger, oder beim Gähnen das langgezogene „uuaahh, uuaahh“ mit der Hand vor dem Mund und sehr langsamer Musik).

**Un poquito cantas**

Nur ein bisschen Sonne, nur ein bisschen Schatten,
nur ein bisschen le-lo-la, oh, das gefällt mir sehr.

Nur ein Gläschen Rotwein, nur ein Gläschen Weißwein ...

Ein paar nette Männer, ein paar nette Frauen ...

Harfe: a-Moll und E-Dur

Bassreihe: a e e a

Rhythmus: freie Gestaltung und/oder Samba:
(s. Kapitel 9.2 Es ist der Rhythmus, der uns trägt)

Improvisation: a' h' c' d' e' a''

Das Lied bietet ein sehr großes Spektrum von Gestaltungsmöglichkeiten: Begleitung durch die Harfen, Klingenden Stäbe und Rhythmusinstrumente, Solo-/Tutti-Gesang und das schnelle und einfache Erfinden neuer Strophen. Es geht nicht alles auf einmal, sondern darum, diese Möglichkeiten langsam zu entwickeln und für jeden einzelnen einen spielbaren Part zu finden. Der Refrain ist schnell präsent, unterstützt von freier rhythmischer Gestaltung, geradezu einladend. Aber auch ein leichter Sambarhythmus, wie im Kapitel 9.2 (Es ist der Rhythmus, der uns trägt) beschrieben, kann hier eingebracht werden und mit der klaren Vorgabe durch mich oder meiner Kollegin ein spaßvolles Miteinander werden. Bei den Strophen haben die Rhythmusinstrumente Pause, einzig der Gesang und die sanften Klänge der Harfe genießen die volle Aufmerksamkeit (nach einiger Zeit des Übens geht es auch ohne meine Gitarrenbegleitung, aber nie ohne mein unterstützendes Dirigat).

Je nach Stimmung und Ideen der alten Menschen entstehen Texte, die beschreiben, worüber Freude entsteht, wonach man sich sehnt oder was in guter Erinnerung ist. Ob leckeres Essen und Trinken, gute Freunde, eine warme Dusche oder das gemütliche Bett, freundliche Menschen, Zärtlichkeit, Küssen und Streicheln, in diesem Lied kommt vieles zur Sprache, was in dem Kontext eines Liedes vielleicht eher ausgesprochen werden darf.

## 9.2 Es ist der Rhythmus, der uns trägt

Die Idee zum Tanz auf den Trommeln ist aus der Improvisation (s. Kapitel 8.13 Ein Rhythmus für alle) entstanden. Der Wunsch nach Alternativen zum eingängigen und oft gespielten Marsch war drängend. „Eins, zwei, cha, cha, cha", diese Worte kennt noch jeder aus der Tanzstunde und es wird umgehend auf den Percussion-Instrumenten umgesetzt. Mit dem Spiel auf der Gitarre unterstütze ich den Rhythmus und singe nur auf der La-la-la-Silbe den Refrain zu „Down by the river."

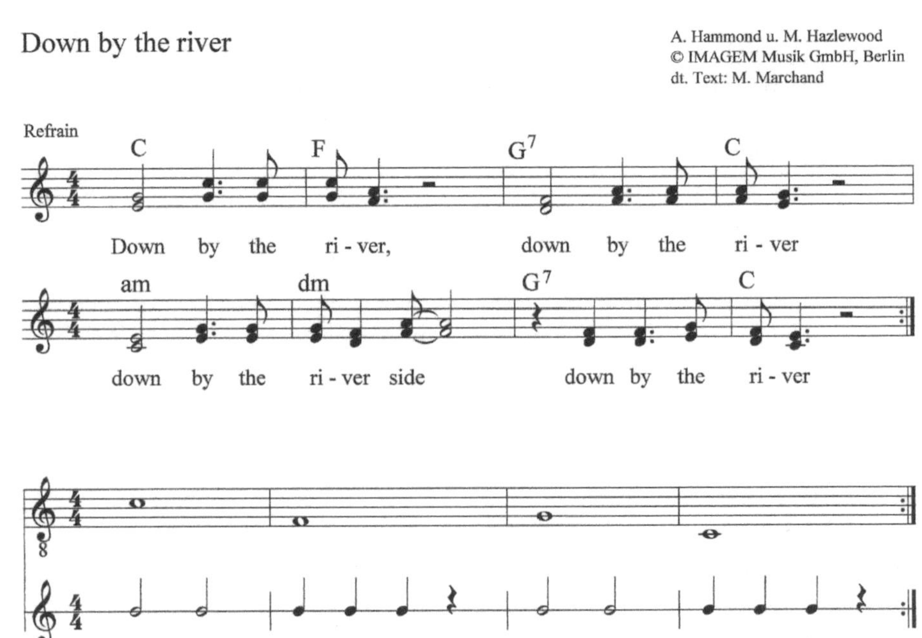


### Cha-cha-cha (Down by the river)

Der Refrain des Liedes findet großen Anklang. Englisch als Sprache ist in der derzeitigen Generation der alten Menschen noch nicht sozialisiert, in einigen Schlagern gibt es aber englischsprachige Teile, die durchaus sehr vertraut sind, so wie dieses „down by the river".

Diese Musik ist so einladend, dass ich die Strophen mit einem für uns passenden deutschen Text verändert habe:

Alte, junge, Männer und Frau`n, wie sie auf die Trommel hau`n,
zart die Rassel spielt dazu, down by the river.

Hört ihr auch den tiefen Ton, den spielt das Xylophon,
leise klingt die Harfe still, down by the river.

Für den Cha-cha-cha trifft es zu, dass die Grundtanzschritte mit dem spielbaren Rhythmus zum Lied übereinstimmen. Das geht auch im Walzertakt. (Doch schon im bekannten Foxtrott wäre ein „vor (lang), vor (lang), seit ran (kurz kurz)" eher im Sinne eines Dreiertaktes und zum Vierertakt des Foxtrotts schwer als Liedbegleitung umsetzbar. Zur Musik vom Tonträger ist es aber gut zu „tanzen".) In den folgenden Beispielen gehe ich sehr eigenwillig mit den Tänzen um und erfinde kleine Merksätze, die uns eine Hilfestellung für das Spielen eines Rhythmus bieten. Es ist nur eine Idee, Lieder oder Musikstücke rhythmisch zu begleiten. Viele Teilnehmer spielen auch nicht alle Akzente, aber sie werden im gemeinsamen Spiel getragen und es gibt sehr viele entspannte und fröhliche Gesichter bei dieser Art des Musizierens.

**Tango (Tanze mit mir in den Morgen)**

Mit meiner Einführung: „Heute lernen wir den Tango!" geht ein Raunen durch die Gruppe und ich habe den Eindruck, alle sitzen schon einige Zentimeter aufrechter.

Zunächst nur im Rhythmus sprechend, dann mit der Djembe unterstützend, gebe ich dieses kleine Motiv ein, das von der Gruppe schnell aufgegriffen wird. Konzentriert und weiterhin mit der Sprachunterstützung üben wir, wobei einige Teilnehmer nur den Sprachrhythmus mit vollziehen, ihrem Instrument aber nur auf der 1 und 3 des Taktes einen Impuls geben, andere spielen auf dem Instrument, ihre Stimme bleibt still und wieder andere sprechen, ohne ihr Instrument zu spielen. Es passt alles wunderbar zusammen und wir haben durch das rhythmische Sprechen eine weitere Ausdrucksmöglichkeit einbezogen. Mit wechselnden Parametern (wir werden lauter, wir werden leiser, wir spielen schneller, wir spielen langsamer) üben wir ausgiebig das rhythmische Motiv, ehe ich am Klavier eine einfache Tangomusik spiele. Unser Arrangement entsteht: Als Intro spielt die Gruppe das Motiv und erst wenn es sicher scheint, beginnt das Klavierspiel, das dann in der Regel dem sicher geglaubten Motiv die Orientierung nimmt und auseinanderfällt. Nach wiederholendem Üben in den folgenden Stunden wird das Motiv sicher gelernt. Wie bei den Improvisations-Spielmodellen gibt ist es ein sehr beliebtes Spiel, das als Übung zu Festigung sehr geeignet ist: Alle spielen einen Rhythmus, nur eine/einer spielt etwas anderes und versucht, die Gruppe aus dem Takt zu bringen. Bald wird es möglich, den Rhythmus zum Klavierspiel auch ohne sprachliche Unterstützung zu spielen, was dann den musikalischen Genuss steigert.

Zur Liedbegleitung bieten sich je nach Vorlieben der Gruppe eine Vielzahl bekannter Schlager an: „In einer kleinen Konditorei", „Capri-Fischer", „Oh, Donna Clara", „La Paloma".

Ein Teil der Gruppe entscheidet sich für die Rolle der Sänger mit Textblatt (in Großschrift), der andere Teil für die Rhythmusinstrumente. Mit der Gitarre unterstütze ich das Rhythmusspiel der Schlaginstrumente und wähle das bekannte Lied: „Tanze mit mir in den Morgen", das aufgrund des geringen Umfangs, der klaren Struktur und der vielen Textwiederholungen sehr eingängig ist.

## Tanze mit mir in den Morgen

Musik: K. Goetz, Text: K. Hertha

Zum Gesang der Strophe gönnen sich die Rhythmus-Instrumente eine Pause, eine kleine Bassreihe ist dann gut zur Begleitung herauszuhören und diese genießt wiederum zum Refrain eine Auszeit.

"Darf ich bitten zum Tango um Mitternacht?", sprach ein Kavalier nachts darauf zu ihr.
Er war schneller und hat sie nach Haus gebracht. Doch ich träumte nur noch von ihr.

"Darf ich bitten zum Tango um Mitternacht?", ruf ich bei Susann schon am Morgen an.
Hat sie mich auch deswegen oft ausgelacht, wenn es zwölf ist, lacht sie mich an.

Frau Kortmann ist mit unserem Spiel sehr zufrieden. Als ich die Instrumente zum Ende des Spiels wieder einsammle, lächelt sie mich fröhlich an: „Tango konnte ich früher nie tanzen, aber heute geht es doch ganz gut."

**Swing (Ich mag den Sommer)**

Wir beginnen unser Spiel mit einer „Mundgymnastik". „Dup-di dup-di", diese kleine Silbe brauchen wir für den Refrain des Liedes und in ganz ruhigem Tempo gebe ich den Sprachrhythmus vor und ermuntere die Gruppe, dieses mit mir zu üben.

Ich war erst sehr skeptisch, ob dieses Lied geeignet ist, es mit sehr alten Menschen zu singen, aber ich würde es hier nicht dokumentieren, wenn es nicht auf so enorme Resonanz und Freude stoßen würde. Schon diese Sprache mit Nonsenslauten verführt uns zum Spiel. Ob aufgrund von Schwerhörigkeit oder Artikulationsbesonderheiten, viele sprechen mit anderen Silben im Rhythmus der Gruppe drauflos: „duf-ti, ruf-ti" oder „rup-di". Ich greife diese Verwandlungen auf und wir probieren sie alle aus. Und dann geht es im Gesang noch viel einfacher.

Der spaßvollste Moment des Liedes liegt im Ende des schwungvollen und mit Rhythmusinstrumenten begleiteten Liedes, das wirklich in einem abrupten Break die Stille fordert, eh die ruhige und besinnliche Strophe einsetzt.

## Ich mag den Sommer

"I like the flowers", Kanada, trad.

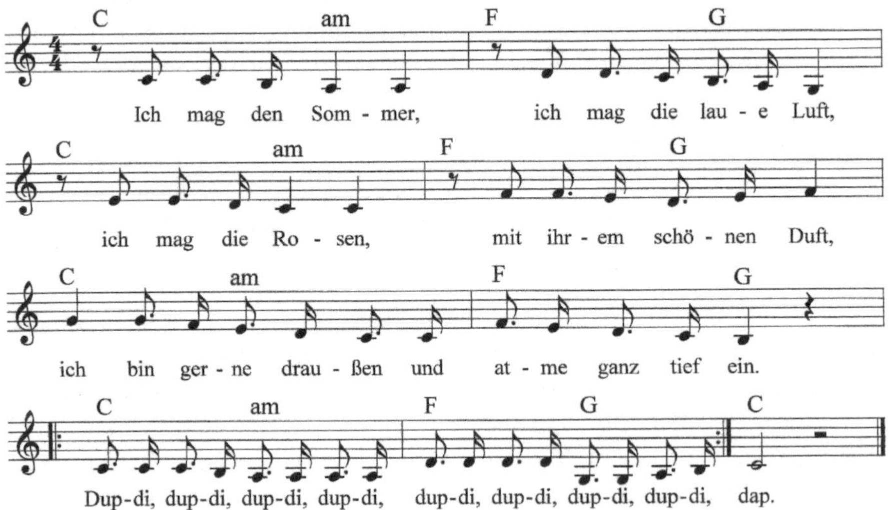


Ich mag die Bäume, ich mag das grüne Laub,
ich mag die Blumen, die Gräser mag ich auch,
ich mag das Eichhörnchen, die Vögel hier im Wald.

Dup-di-dup-di-dup ...

Ich mag das Wasser, ich mag den Schmetterling,
ich mag die Kühe, die auf der Wiese sind,
ich mag die Wolken, die am Himmel zieh`n.

Dup-di-dup-di-dup ...

In diesem Lied kann die harmonische Struktur gut von doppelt besetzten Stäben übernommen werden, ganz gleich, ob zur Strophe oder zum Refrain, musikalisch passt es über- und zueinander. Auch die Begleitung durch Harfen bei den Strophen ist machbar, jedoch nur, wenn diese dann ausschließlich durch meine Gitarrenbegleitung unterstützt werden, nicht aber von Percussion-Instrumenten oder das stetige Metrum der Stäbe. Harfenspiel mit vier abwechselnden Spielern erfordert sehr hohe Konzentration und klares Dirigat, das aber bei Temposchwankungen auf die Harfenspieler „wartet". Um allen Spielern immer wieder eine Pause zu gönnen, ist es sinnvoll, nur die Harfen oder auch nur die Stäbe die Begleitung der Strophe spielen zu lassen, um dann den Refrain nur mit den Schlaginstrumenten zu begleiten. Sehr geeignet sind dabei die Schellenkränze, die nur durch einen kleinen Impuls einhändig auf Stuhllehne oder Oberschenkel geklopft, die Leichtigkeit des Swings übernehmen, wogegen die Shaker und Trommeln eher die Viertel oder auch nur die Halben bedienen.

**Samba (Samba Lélé)**

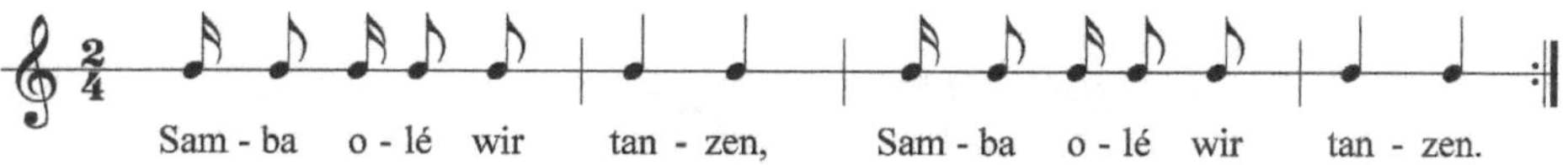


Wir üben auf den Instrumenten den Rhythmus mit Hilfe der Sprache wie in den vorangegangenen Beispielen. Bald kommt diese kleine Melodie hinzu, die unsere Sprache in Gesang verwandelt. Für das Lied Samba Lelé haben wir damit den Rhythmus und eine 2. Gesangsstimme schon besetzt.

Die Harfen und eine sehr einfache Bassreihe kommen hinzu, möglichst die Grundtöne, aber auch andere Varianten sind denkbar, je nach Wunsch und Möglichkeiten des Spielers. Für manche ist es sehr schwer, ein langsames Metrum zu halten, da bieten sich Viertel an, wie im Notenbeispiel dargestellt, als Reihe mit acht Klangstäben oder mit vier Stäben, die aufwärts und abwärts gespielt werden.

Für vereinzelte Spieler, die die rhythmische Arbeit sehr verinnerlicht haben und ein gutes melodisches Gespür haben, wird es möglich, die Tonfolge der 2. Singstimme auf den vier Stäben zu spielen (g a h c)

Jetzt erst singen wir das Lied mit dem sehr einfachen, sich nur mit kleinen Veränderungen wiederholenden Text, das viele Gestaltungsmöglichkeiten bietet. Einzelne Instrumentengruppen spielen Soloparts im Strophenteil, wie es der Text unten vorgibt, oder wir probieren körpereigene Lautquellen, je nach Möglichkeiten und Wünschen der Gruppe.

## Samba Lélé

Brasilien, trad.

Schon hört man in Rio Hölzer in der Ferne ...
Schon hört man in Rio Trommeln in der Ferne ...
Schon hört man in Rio Schellen in der Ferne ...
Schon hört man in Rio Glocken in der Ferne ...

Schon hört man in Rio Pfeifen in der Ferne ...
Schon hört man in Rio Schnalzen in der Ferne ...
Schon hört man in Rio Klatschen in der Ferne ...
Schon hört man in Rio Klopfen in der Ferne ...

**Rock 'n' roll (Hello Mary Lou)**

eins zwei rock and roll eins zwei rock and roll

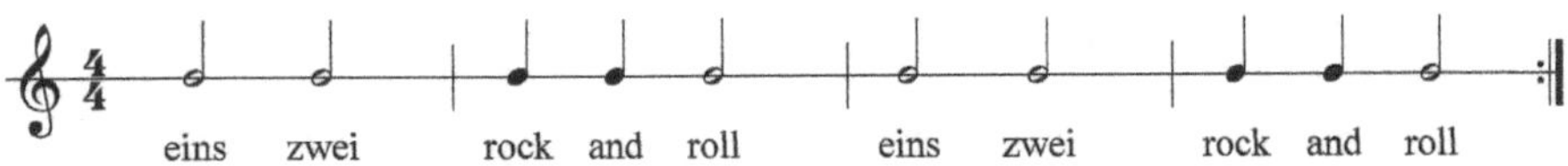

Dieser Rhythmus ist eher langsamerer Art und damit ein guter Gegenpol zu den schnellen Melodieverläufen des Rock 'n' roll. (z.B. „Das alte Haus von Rocky Docky", „Hello, let's twist again"). Dieser Rhythmus fordert Dynamik, den das langsame Tempo gestattet.

Hello Mary Lou

Text/Musik: G. Pitney
dt. Text: U. Blecher


Refrain
F B
Hel - lo Ma - ry Lou, sieh mal an, dein
F C7
Kleid ist schick und schick sind dei - ne Schuh. Und
F A7 dm
du, Ma - ry Lou, du lachst da - zu, so wie
G7 C7 F B F
ein Son - nen - schein, Ma - ry Lou.

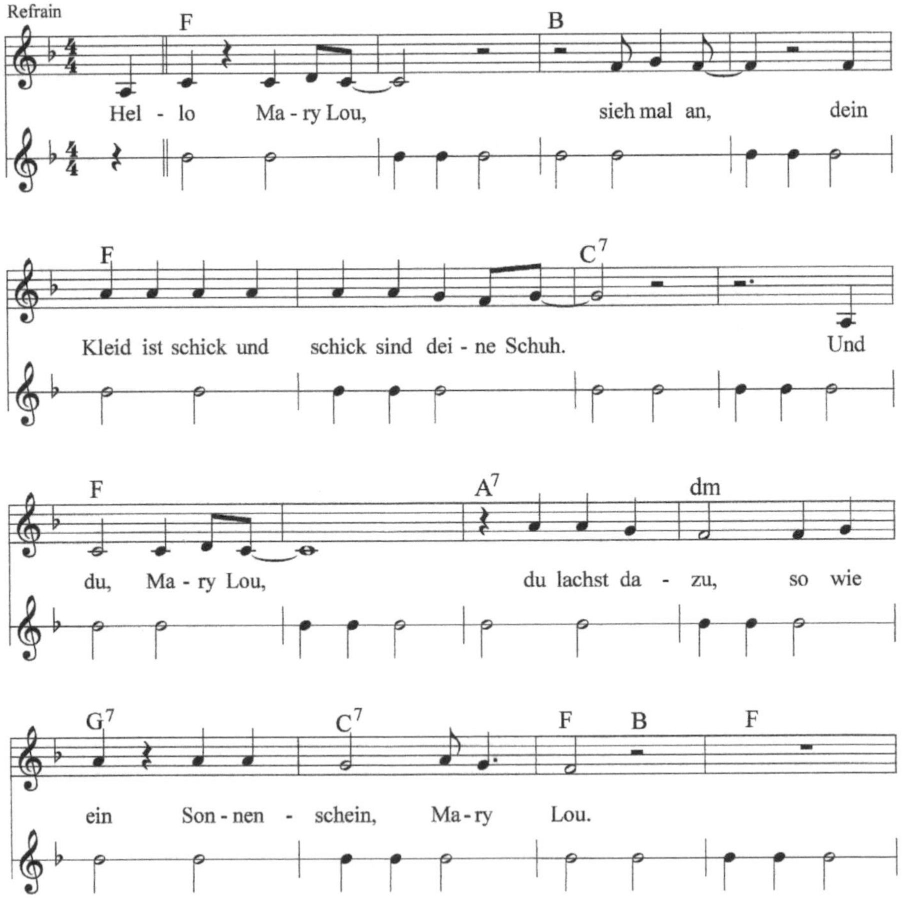

Zur Begleitung der Strophe eignen sich die Harfen und eine Bassreihe auf den Stäben, die Percussion-Instrumente dürfen pausieren. Einige Sänger sind mit einem Textblatt versorgt, meine Konzentration liegt neben der Begleitung auf der Gitarre im Dirigat der Harfen, die sehr konzentriert auf ihren Einsatz achten müssen.

Viele Mädchen kann man seh`n,
die in Nietenhosen geh`n,
doch Mary Lou hat so was nicht im Sinn.
In jedem Teen-, Teen-, Teenagekleid,
ja, da ist sie jederzeit
für alle Boys und Girls die Königin.

Das harmonische Gerüst der Strophe bildet unsere Grundlage zur Improvisation. ‚Klingende Stäbe' werden mit den angegebenen Tönen einem Spieler bereitgestellt, der sein freies Spiel, je nach Wahl, lieber mit weniger oder einer größeren Auswahl an Tönen versucht. Bei ungeübten Spielern oder Unsicherheiten in der Gruppe besteht diese Improvisation vielleicht nur aus meinem Gitarrenspiel mit den Sopran-Stäben. Zur Erweiterung ist das Spiel auch mit der Bassreihe und den Percussions oder den Harfen möglich. Manchen tut es gut, wenn sie bei ihrem Improvisationsspiel im Mittelpunkt stehen, andere spielen erst befreit auf, wenn die ganze Gruppe aktiv ist.

**Rumba (Rumba, wir tanzen alle; Spanisch klingt die Gitarre)**

Um den Akzent auf der ersten Zählzeit des Taktes zu üben, begleiten wir instrumental unseren Sprechrhythmus nur auf dieser Eins. Für viele bleibt das ein guter Halt im Spiel, andere nehmen den gesamten Rhythmus mit auf. Unser rhythmisches Sprechen wird zum Gesang und nach der Wiederholung erfolgt ein klares Break, auch der Instrumente, damit der Übergang zum Improvisationsteil deutlich wird und weil diese konzentrierte Stille eine sehr kraftvolle Atmosphäre bewirkt.

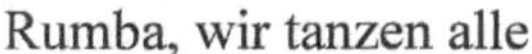
Rumba, wir tanzen alle

Musik: O. Liebert, Motiv aus Barcelona Nights
© Higher Octave Music, New York

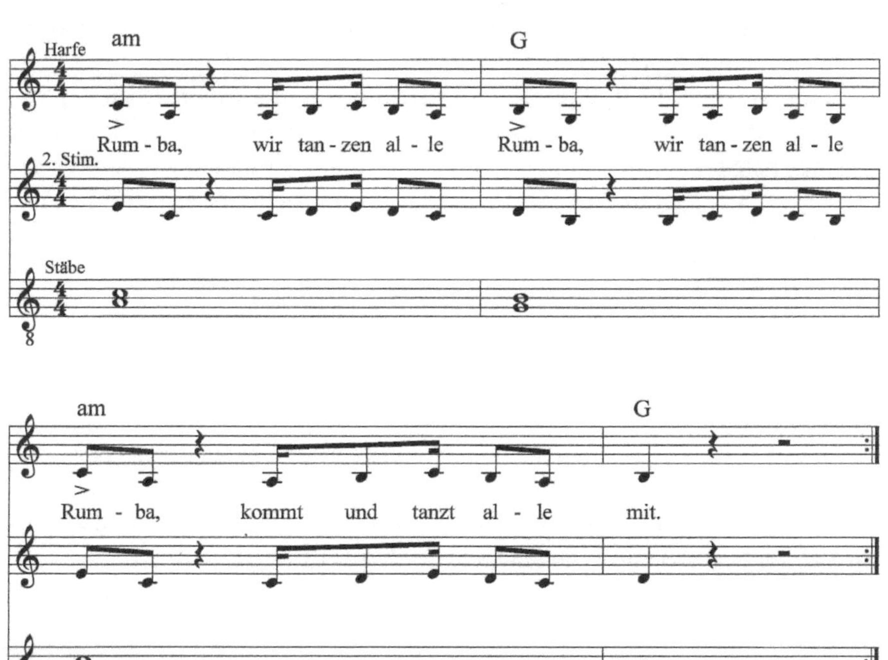

Zwei Harfenspieler übernehmen die harmonische Begleitung im Wechsel, ich bin aber immer bereit, mit deutlichen Gesten zu dirigieren und auch ggf. mit der Gitarre zu unterstützen. Die Basstöne gesellen sich in diesem Musikbeispiel zu den Harfenspielern, zunächst nur der Grundton. Das ist wörtlich gemeint. Der einzelne klingende Stab wird von einem Sitznachbarn des Harfenspielers gespielt. Dieses gemeinsame Spielen üben wir ohne Gesang und Rhythmus ausgiebig, weniger, um es zu üben, als um dieser Bedeutung des gemeinsamen Parts Raum zu geben. Da ist ein Sich-Zuwenden, manchmal Blickkontakt, ein solidarisches, aufmunterndes Lächeln zwischen den beiden Spielern, ein Taxieren zwischen Zurückhaltung und Antreibung, ein lebendiger Kontakt. Das Gelingen definiert sich dabei nicht über die Gleichzeitigkeit des Einsatzes (der Takt bietet ja eine längere Zeit der Gestaltung, ein Spiel hintereinander kann auch eine schöne Variante sein), sondern über das Erleben des gemeinsamen Spiels. Auch eine scheinbare Kontaktlosigkeit zwischen Spielern kann im Klang zueinanderfinden und auch ein Nichtgelingen ist möglich. Frau Kortmann zeigt mit ihrem Schlegel auf ihre Spielpartnerin: „Sie spielen ja gar nicht, das ist doch viel zu leise." – „Möchten Sie Frau Hörsterkamp gerne hören?" – „Ja, ich spiele ja alleine." Ich wende mich an Frau Hörsterkamp. „Ihre Harfe spielt sanft und leise. Ich spiele mit Ihnen zusammen und unterstütze die Harfe mit der Gitarre."

Eine andere mögliche Intervention bei nicht gelingendem Zusammenspiel ist der Einsatz einer dritten Person mit einem weiteren Stab (eine Terz höher), vorzugsweise von meiner Kollegin gespielt. Es ist sehr sinnvoll, wenn die Spieler nah beieinander sitzen und sich auch wahrnehmen können, nicht nur akustisch, sondern auch mit ihren sichtbaren Bewegungen.

Gesang (ggf. auch die 2. Stimme) mit Rhythmus und harmonischer Begleitung wird hierbei möglich und nach dem Break der Wiederholung erfolgt eine Improvisation eines Spielers an den Sopranstäben mit Gitarrenbegleitung. Danach erfolgt wieder der Einsatz der ganzen Gruppe, je nach Übung vielleicht erst nur die Percussions oder die Harmonie mit den Stäben.

Töne zur Improvisation

Für eine größere Gruppe lässt dieses Musikstück auch eine Erweiterung zu, wobei jeweils vier Paare einen Harmonieblock übernehmen.

Spanisch klingt die Gitarre

Zwischen den Strophen gebe ich Hinweise zur Art unseres Spiels und wir variieren in Dynamik und Ausdrucksweise: sanft, wild, laut, leise.

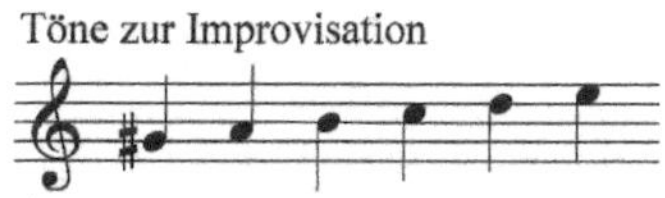

## 9.3 Ensemblespiel

Spielstücke können entstehen, wenn mir die sehr unterschiedlichen Kompetenzen und Belastbarkeiten, die Wünsche und Vorlieben der Teilnehmer vertraut sind. Die hier aufgeführten Beispiele sollen verdeutlichen, wie individuell die Partituren und Besetzungen sich aus dem Kontext der Gruppe entwickeln. Jedes Gestalten und Üben ist auf die einzelne Stunde, vielleicht auf einige Wochen bezogen, in jedem Fall aber auf Veränderungen angelegt.

**Weiße Rosen aus Athen**

Weiße Rosen aus Athen

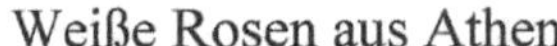

Musik/Text: M. Hadjidakis, H. Bradtke


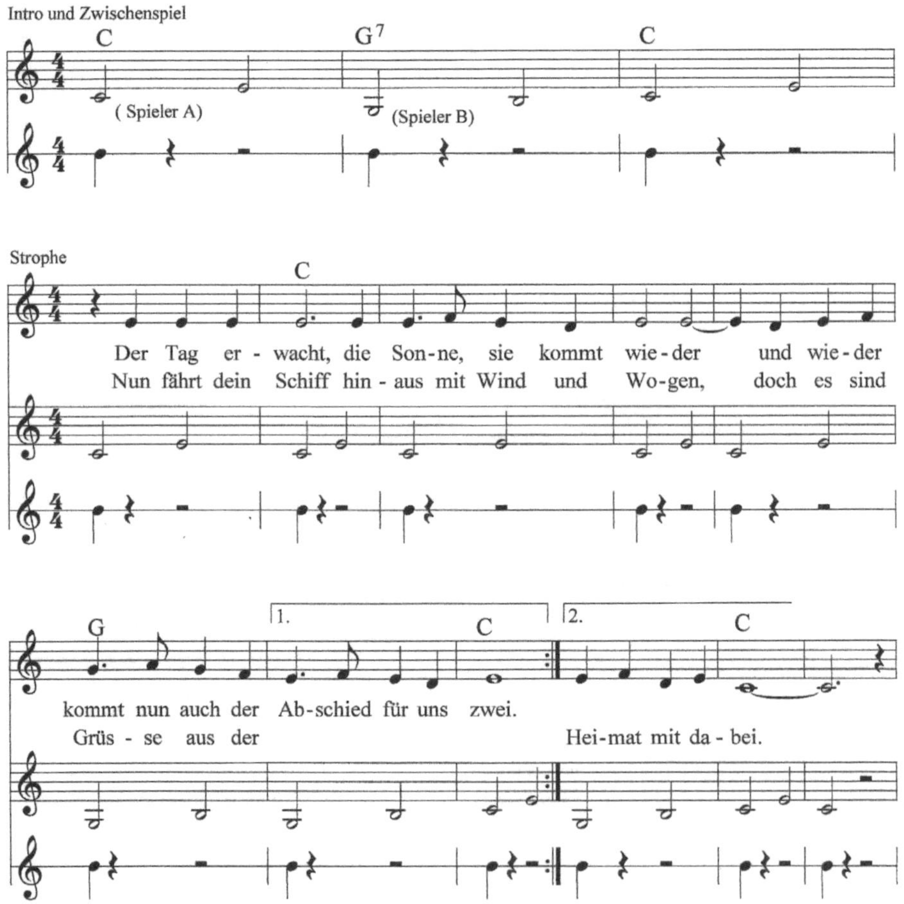
Intro und Zwischenspiel
C
G7
C
( Spieler A)
(Spieler B)
Strophe
C
Der Tag er - wacht, die Son-ne, sie kommt wie-der und wie-der
Nun fährt dein Schiff hin - aus mit Wind und Wo-gen, doch es sind
G
1.
C
2.
C
kommt nun auch der Ab-schied für uns zwei.
Grüs - se aus der Hei-mat mit da - bei.

2. Im fernen Land, wo keiner auf dich wartet,
da sehn die Sterne in der Nacht ganz anders aus.
dort ist die Welt dir fremd und du bist einsam,
darum begleiten dich heut Blumen von zu Haus.

Die hier aufgeführte Partitur verwirrt den Leser vermutlich ebenso, wie ihre Umsetzung die Gruppe verwirren würde. Ich möchte mit diesem Lied beispielhaft zeigen, welche Möglichkeiten hier geboten werden, den einzelnen Spielern gerecht zu werden. Jede Partitur entsteht in der Gruppe neu, ausgerichtet an Wünschen, Liebgewonnenem und Stützendem.

Der Gesang mit Gitarrenbegleitung bietet die Basis. Herr Ribbert schweift sichtlich ab, sein Blick verharrt auf dem Boden oder er sucht im Blick aus dem Fenster eine Abwechslung. Er strahlt mich an, als ich ihm die große Pauke bringe. Das Trommelspiel bietet ihm eine praktische Tätigkeit, die ihn ins Geschehen einbezieht. Sicher und ruhig hält er das von mir vorgegebene Metrum. Wenn er seinen Schlag auf der Eins verdoppelt oder pausiert, ist dies in Ordnung.

Frau Müller ist neu in der Gruppe, sie ist unsicher, probiert immer wieder eine neue Sitzposition und verändert ständig ihre Mimik. Die Instrumente sind ihr noch nicht vertraut, und so gebe ich ein Liedblatt in ihre unruhigen, suchenden Hände, das ihr Halt gibt.

Frau Trab spielt gerne die aufgereihten ‚Klingenden Stäbe'. Sicher und stolz erfreut sie sich am Klang und ihr Tremor nimmt sichtlich dabei ab.

Frau Krämer ist froh, wenn sie die Harfe spielt. Sie übernimmt im Strophenteil den C-Dur-Akkord, den G-Dur-Akkord spiele ich auf der Gitarre, weil sonst niemand die Harfe spielen möchte.

Herr Leiser ist aufgrund seiner musikalischen Bildung unzufrieden damit, dass die Klangstäbe nicht der Größe nach geordnet sind, die Aufreihung nach Spielverlauf ist somit seinem Empfinden nach falsch. Doch selbst kleine Tonfolgen mit nur einem Sprung sind für ihn nicht lernbar. Aber er kann sich die einfache Struktur einer Tonfolge einprägen (Sprung, einen zurück, Sprung, einen zurück usw. merken). Die 2. Stabstimme (Spieler D) ist für dieses System erdacht, die Töne e'-c" stehen im Tonleiterprinzip und er kann diesen Part sehr erfolgreich und mit großer Konzentration und Zufriedenheit spielen.

Frau Lennart ist erfreut über eine kleine Aufgabe, die speziell auf mein Dirigat hin zum Einsatz kommt. Das kleine Motiv (Spieler E) mit den Sopranstäben in der langen Pause im Refrain fordert ihre volle Konzentration.

Frau Holz und Frau Barell sind sehr mobil und bewegungsfreudig. Ausgestattet mit Boomwhackers in jeder Hand spielen sie im Strophenteil die Halben, je nach meinem Dirigat. Die Boomwhackers können auf dem Schoß liegend mit Schlegel gespielt werden, wenn nur eine Hand bewegungsfähig ist. Hier aber nutze ich gerade die aufrechte Haltung, die eine bessere Reaktion auf mein Dirigat ermöglicht. Die Klangrohre werden durch das Aufschlagen auf bereitgestellte Holzhocker mit der rechten und linken Hand abwechselnd zum Klingen gebracht. Der Klang der Boomwhackers ist nicht so durchdringend, als dass ein „falscher" Ton die Harmonie ins Schwanken bringen würde. Es sind eher die rhythmischen Impulse, die durch die Klänge gut unterstützt werden.

**Sonniger Morgen**

Son-nen-schein am Mor-gen tut mir gut. Son-nen-schein am Mor-gen tut mir gut.

Wir spielen in der Gruppe diesen Rhythmus mit den Percussions, ein Spieler hat ‚Klingende Stäbe' im Sopran zu Verfügung und gestaltet im freien Spiel ein Zwischenspiel, wobei der Spieler vorher auswählt, ob er alleine spielt oder mit meiner Gitarrenunterstützung. Die Struktur wird schnell deutlich, ist aber auch weiter von meinem Dirigat abhängig. Manche warten auf ihren Einsatz, andere Spieler spielen mit den Stäben sofort mit und da interveniere ich natürlich nicht. Spannend wird der Augenblick, wenn das Rhythmusspiel der Gruppe endet, ob der Spieler das bemerkt, verwundert auch inne hält oder in dieser Stille dann sein Spiel fortführt. Der Text kann für die Improvisation thematisch eine Anregung sein, muss aber nicht.

Unser Spiel bekommt ein Intro durch zwei Spielerinnen an den Stäben:

Musik: Motiv aus Sunny Afternoon in "Fridolin goes Pop"

Wenn das Zusammenspiel dieses Duos im Metrum gelingt, kann es zum Rhythmusspiel der Gruppe klingen oder auch als harmonische Vorgabe für die Improvisation einer Melodiestimme an den Sopran-Stäben dienen.

Töne zur Improvisation

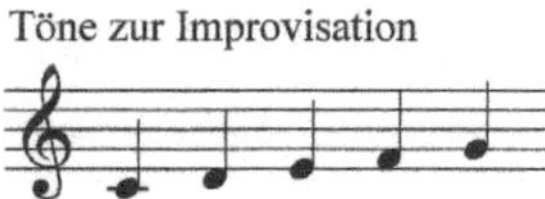

**Ein kleiner Walzer**

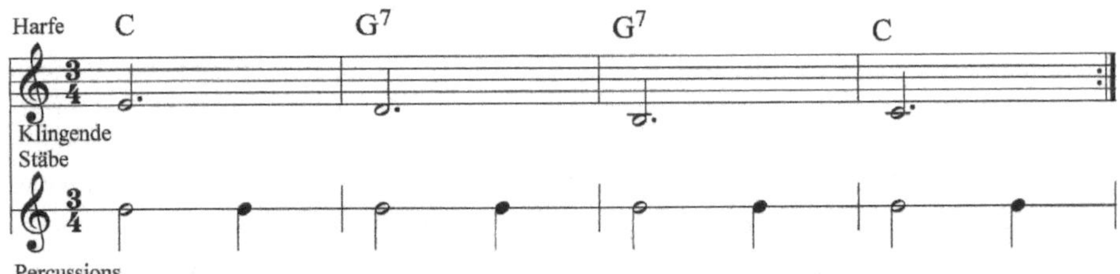


Dieses harmonische Modell ist nach ausreichender Zeit der Übung eine gute Grundlage zum Aufbau einiger kleiner Motive, die von verschiedenen Teilnehmern übernommen werden.

Je nach Fähigkeiten und Ausdauer der einzelnen Spieler habe ich als Dirigentin die Möglichkeit, die Häufigkeit der Wiederholungen und das einzelne oder das gleichzeitige Spiel verschiedener Motive zu lenken. Dieses Dirigieren fordert meine stehende Haltung und eine deutliche Körpersprache. Anders als bei den Liedern, in denen Strophe und Refrain auch durch den Text erkenntlich gemacht werden, kann ich als Leitung in einem solchen Instrumentalspiel die Anforderungen an die verschiedenen Teilnehmer freier gestalten. Zur musikalischen Unterstützung halte ich die Gitarre bereit.

Zwischenspiel:

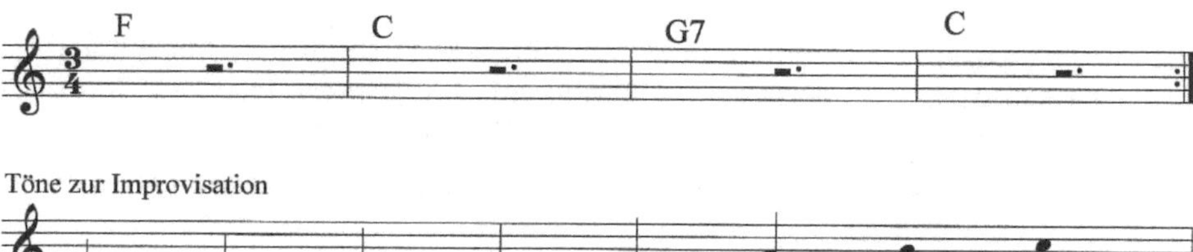


Töne zur Improvisation

Das Zwischenspiel bietet den Musikern eine Pause. Durch eine kleine harmonische Veränderung entsteht ein neuer musikalischer Impuls. Ein Teilnehmer übernimmt an den Sopran-Stäben den Part der freien Improvisation, den ich nur mit meinem Gitarrenspiel begleite. Dabei bleibt es wichtig, die Auswahl und Anordnung der Töne der spielenden Person anzupassen. Eine musikalische Bereicherung ist das Spiel am Klavier, mit dem die improvisatorische Ausgestaltung der Zwischenspiele unterstützt werden kann. Dieses Spiel am Klavier wird erst möglich, wenn die Gruppe mit den Motiven sehr vertraut ist und meine Kollegin den Part der Dirigentin übernimmt.

# 10. Lyrik und Musik

Ähnlich den Liedern sind kleine Verse ein hilfreicher „Türöffner", um Sprache zu aktivieren. Oft merke ich eine wunderbare Freude im Erstellen kleiner Reime oder im Rezitieren kleiner Vierzeiler. Herr Schwermann ist ein sehr betagter, alter Herr, der bei jeder freien Gelegenheit in der Stunde einwirft: „… und kennen Sie dieses?

Die Liebe ist ein Omnibus,  
auf den man immer warten muss.  
Und kommt er schließlich angehetzt  
dann ruft der Schaffner: ‚Schon besetzt.'"

Seine Stimme erhebt sich klar und laut und er rezitiert wie ein Schauspieler. Er beruft sich auf Johannes Heesters, von dem er dieses Gedicht kennt. Die stetige Wiederholung ist für mich und viele Teilnehmer der Gruppe anstrengend, für ihn aber spürbar ein sehr wichtiges Erleben seines Selbst. Diesen Raum kann er sich in der Stunde nehmen und schon bald kennen alle die Worte ganz genau.

Die rhythmischen Übungen unter Zuhilfenahme der Sprache, wie im vorangegangenen Kapitel beschrieben, haben mir sehr deutlich gemacht, dass dieses Zusammenwirken von Rhythmus und Sprache mit einfachen, sich wiederholenden Worten zum Sprechen motiviert und aktiviert, selbst bei den alten Menschen, die schon fast ganz auf den Gebrauch ihrer Sprache verzichten.War im obigen Kapitel eher die Intention, mit Hilfe der Sprache den Rhythmus zu unterstützen und zu üben, so nutze ich in den folgenden Beispielen den Rhythmus, um Sprache zu aktivieren und zu beleben. Sich wiederholende rhythmische Sprachspiele sind dabei eine gute methodische Hilfe.

**Rosen im Garten**

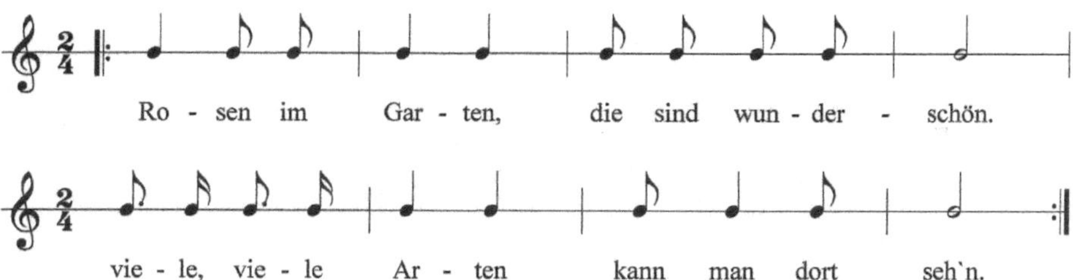


Mit vielen Wiederholungen üben wir diesen Vers, langsam im Tempo, laut und deutlich in der Aussprache, zunächst nur die erste Zeile, unterstützt von Percussions, ehe wir dieses Spielstück gestalten können. Variationen der Parameter: Dynamik, Tempo und Klangfarbe und Variationen des Arrangements: Rhythmisches Spiel ohne Sprache, Vers rhythmisch gesprochen ohne Instrumentenbegleitung sind Formen unseres Spielens. Als Struktur bietet sich wie bei den anderen Spielstücken auch immer das Tutti-Solo an. Die Gruppe spielt und spricht den Vers und endet gemeinsam in der Stille, in die hinein ein vorher bestimmter Spieler ein Solo spielt. Besondere Klanginstrumente, das große Becken, die große Triangel, die ‚Klingenden Stäbe', das Monochord und die Harfe haben hier einen guten Platz für die Klangentfaltung. Imaginationen von Farben und Gerüchen werden möglich, aber nicht gefordert.

## Markttag

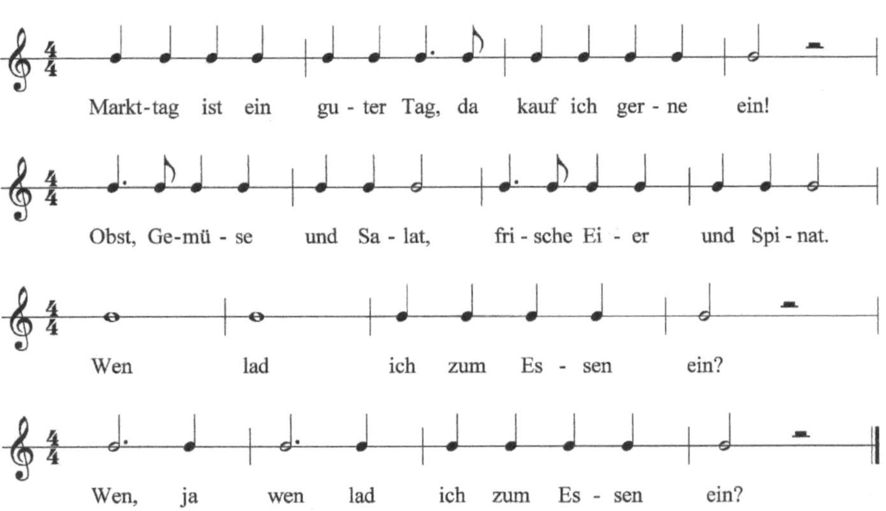


Diese Frage im Text erwartet eine Antwort. Ich spiele leise das Metrum auf der Trommel weiter, denn eine Stille nach dieser Frage, die vielleicht keine Antwort kennt, kann sehr bedrückend wirken. Mit dem fortschreitenden Metrum bleiben wir im Fluss und kommen ins lockere Gespräch. „Frau Geldorf, ich lade Sie ein." Sie lächelt mich an. „Mögen Sie gerne Spinat?", frage ich weiter. „Nein, nicht so gerne, aber ich esse es wohl." Meine Kollegin unterstützt mich: „Ich lade meine Freundin zum Essen ein." Dieses macht als Modell anderen Mut, etwas in den Raum zu werfen, was ich aufnehme, verstärke oder freundlich kommentiere. Frau Geldorf und Herr Ribbert lachen sich zugewandt an und haben große Freude. Unausgesprochen scheint es für beide klar zu sein, dass sie sich einladen. In dieser fröhlichen Stimmung bemerke ich plötzlich, dass Frau Krämer die Tränen durchs Gesicht laufen. Meinen Blick erwidert sie, ich habe aber das Gefühl, es wäre nicht in ihrem Sinn, diesen Schmerz nun öffentlich zu machen (Frau Krämer kann sich sprachlich nicht äußern) und so versuche ich, ihr deutlich zu machen, dass ich ihre Trauer wahrgenommen habe. Einige Minuten später bei der Verabschiedung spreche ich dieses für sie persönlich noch einmal aus und frage sie, ob ich etwas für sie tun kann. Immer wieder gibt es für mich als Leitung dieser Gruppe Situationen, in denen ich mich damit zufrieden geben muss, nicht jedem Teilnehmer zur Seite stehen zu können und es manchmal ausreichen muss, wenn ich ein Taschentuch reiche.

Natürlich haben diese kleinen rhythmischen Sprachspiele noch nichts mit Lyrik zu tun. Es ist aber möglich, Themen des Lebensalltags auszudrücken und sprachlich und musikalisch zu gestalten. Dieses kann im Stegreif geschehen, auch mit Ideen der Gruppe und angeregt durch ein gerade präsentes Thema.

**Es ist halt schön**

Es ist halt schön, wenn wir die Freunde kommen sehn.
Schön ist es auch, wenn sie bleiben
und sich mit uns die Zeit vertreiben.
Doch wenn sie wieder gehn, ist es auch recht schön.

*Wilhelm Busch*

Bevor ich den Text spreche, leite ich ein mit dem Satz: „Ein Gedicht von Wilhelm Busch!" Diese Worte legen schon bei einigen ein Lächeln ins Gesicht, andere korrigieren ihre Sitzhaltung, meine stille Aufforderung zur Konzentration ist in der Gruppe angekommen. Einigen ist das Gedicht bekannt, sie ahnen die Pointe und sprechen einzelne Worte mit. Einige Worte sind anders als in der Originalfassung, ich wähle diese, weil meine Idee ist, den Vers in der Vertonung von Uli Führe mit Hilfe des rhythmischen Sprechens als Lied zu singen. Ein durchgängiges Metrum dient bei dem sehr anspruchsvollen Rhythmus des Liedes als Stütze.

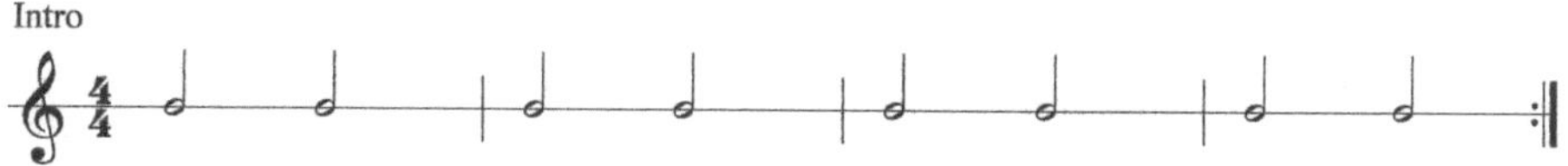


Anders als in den vorherigen Beispielen unterstützen wir durch unsere Körperbewegungen nicht die Sprache, sondern halten das durchgängige Metrum aufrecht. Ob durch Patschen auf das Bein, Tippbewegung mit dem Fuß, Tippen, Klopfen oder Klatschen der Hand auf die Stuhllehne, jeder Teilnehmer wird ermuntert, eine für ihn gute Bewegung zu finden.

Nach und nach üben wir die Sätze zu sprechen und ich bin erstaunt, wie selbstverständlich dieses Lernen gelingt und auch in der folgenden Woche wieder abrufbar ist. Bald gehe ich zum Gesang über, um den Melodieverlauf zu üben. (Die vierte Textzeile ist im Original eine Oktave höher geschrieben, eine Änderung ist nötig, da die Tonsprünge sonst zu groß wären.)

## Es ist halt schön

Musik: U. Führe, Orginal Kanon in F-Dur
Text: W. Busch, aus: Wenn`s gut geht,

www.fidula.eu

Dieses Lied ist als Kanon geschrieben und bietet uns damit zur musikalischen Gestaltung eine gute Vorlage. Das Metrum kann von einigen Schlaginstrumenten übernommen werden, die Bassreihe von den Stäben. Im Wechsel mit dem Gesangspart ist Raum zur Improvisation mit Unterstützung der Begleitakkorde auf der Gitarre.

**Morgenwonne**

Ich bin so knallvergnügt erwacht.
Ich klatsche meine Hüften.
Das Wasser lockt, die Seife lacht.
Es dürstet mich nach Lüften.

Ein schmuckes Laken macht einen Knicks
Und gratuliert mir zum Baden.
Zwei schwarze Schuhe in blankem Wichs
Betiteln mich „Euer Gnaden“.

Aus meiner tiefsten Seele zieht
Mit Nasenflügelbeben
Ein ungeheurer Appetit
Nach Frühstück und nach Leben.

*Joachim Ringelnatz (1932)*

Wir widmen uns zunächst nur der ersten Strophe, das Metrum unterstützt durch unser begleitendes Spiel; wie im vorangegangen Spielmodell üben wir das Sprechen mit verschiedenen Parametern.

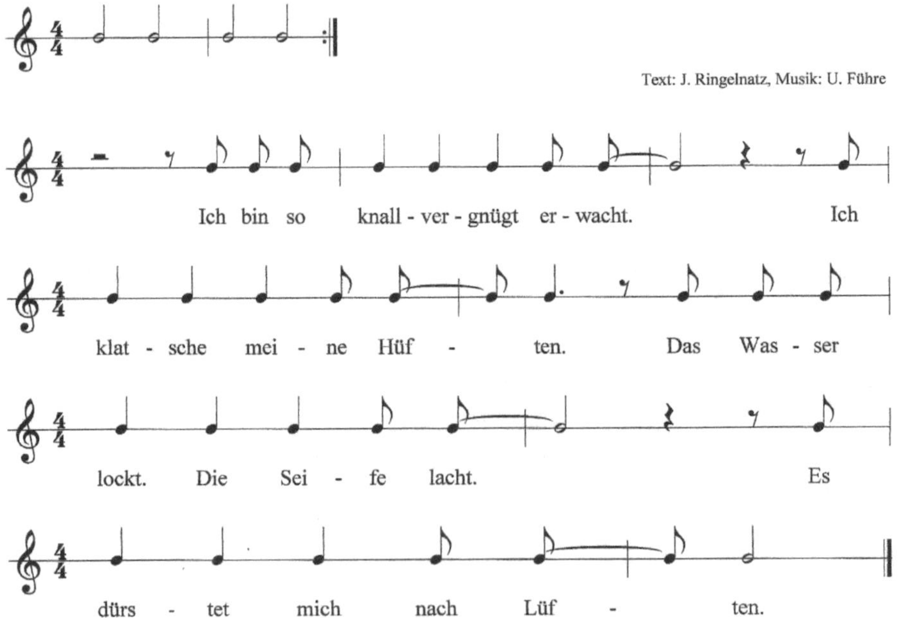

## Morgenwonne

Musik: U. Führe, Orginaltonart F-Dur
Text: Joachim Ringelnatz
Aus: "hie und da - Ringelnatz-Chorlieder ..."

Uli Führe hat dieses Gedicht als Chorsatz vertont, die Melodie ist daraus entnommen. Seine Idee, den ersten Vers als Refrain einzusetzen, greife ich hier auf. Für einige Teilnehmerinnen in der Gruppe sind es sehr berührende Momente, wenn sie besondere Herausforderungen „meistern", das Solospiel oder den Sologesang. Hier wird es das Rezitieren des Verses. In sehr großer Schrift bereite ich zwei Blätter (möglichst mindestens 120g-Papier) bedruckt mit dem 2. und 3. Vers vor, der dann zwischen dem Refrain-Gesang der Gruppe vorgetragen wird. Eine harmonische Untermalung durch leises Gitarrenspiel kann dabei hilfreich oder auch störend wirken.

Der Refrain wird mit Rhythmusinstrumenten und einer Bassreihe unterstützt.

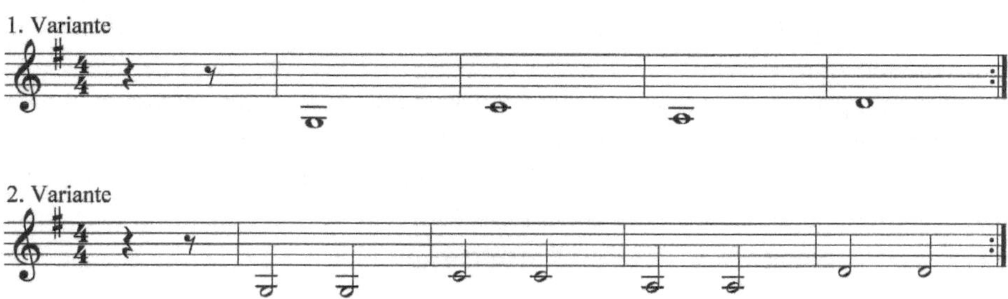


Für viele Spieler ist es einfacher, den Grundton in der Doppelung zu spielen, auch, weil im Vorhinein der Rhythmus mit den „Halben" geübt wurde. Für die Spieler, die es gewohnt sind, jeweils einen Klingenden Stab in der Reihe zu spielen, bedarf es dann einer dritten Variante:

## 11. Das kleine Lied

Das einfache, kleine Lied, die kurze, vertraute Melodie oder der Text, der Stimmungen ausdrückt, für die ich selbst keine Worte habe, bieten einen guten Halt, wenn scheinbar „nichts mehr geht". Denn diese Situationen kommen unweigerlich. Zunahme der altersbedingten körperlichen Einschränkungen, aber auch plötzliche Krankheitsschübe bedingen immer wieder die Konfrontation mit dem „Weniger-Werden": weniger hören und sehen, weniger erinnern, weniger Bewegungsmöglichkeiten, weniger Kraft, weniger wach, weniger Interesse. In der musikalischen Arbeit erlebe ich sehr oft ein Aufblühen der Aufmerksamkeit, der Lebensfreude und Lebendigkeit, und ich bin erfreut und begeistert von den klanglichen und rhythmischen Gestaltungsmöglichkeiten. Aber das ist eben auch nicht von Dauer und es schließt die Reduktion natürlich auch ein. Auch ich muss lernen, das „Weniger-Werden" hinzunehmen. Und darüber hinaus kann ich lernen, es mit Wertschätzung zu sehen und zu gestalten.

„Es war einmal ein Mann, der tagein, tagaus immer nur einen Ton auf seinem Musikinstrument spielte. Eines Tages kam seine Frau ganz aufgeregt nach Hause und erzählte ihrem Mann von Leuten, die auf ihrem Instrument nicht nur einen, sondern ganz viele verschiedene Töne gespielt hätten. Der Mann antwortete ruhig: ‚Sie suchen noch …'." (Tischler 2003, S. 4)

Vielleicht hilft Ihnen als Leser so wie mir das kleine asiatische Gleichnis, um dem Wenigen, dem Einfachen, auch dem einsamen Spiel mit Zufriedenheit zu begegnen und immer wieder Raum zu schaffen, damit es Gehör findet.

Die hier vorgestellten Lieder sind aufgrund ihrer Schlichtheit auch sehr gut im Ensemblespiel zu gestalten und ich gebe im Folgenden auch Vorschläge dafür. Dabei bin ich für die Improvisationen sehr um Reduzierung bemüht. Je nach Stimmung und Schwingung in der Gruppe ist es meine Aufgabe als Leitung, in meiner Resonanz wahrzunehmen, was für den Einzelnen oder die Gruppe gerade dem Erleben näher kommt, ob ein Summen der Melodie ohne Worte und Begleit-Instrument, bis hin zu „Orchestergestaltung." Der Gesang im Kanon kann für das klangliche Erleben eine Bereicherung wie auch eine Überforderung sein.

## Es ist Zeit nun für eine Pause

Ruhepause

Musik: Israel, trad.
Text: W. Hering
aus: 100 bunte Kanonhits

Töne zur Improvisation

### Wieder nach langem Weg schließt sich der Kreis

Das Sterben und der Tod ist in der Altenwohnheimsituation ein gegenwärtiges Geschehen. Manche Bewohner ignorieren die Nachricht über den Tod eines Mitbewohners, andere sind stumm, manche wollen reden: „Ach ja, wir müssen Platz machen für die Jüngeren, so ist es.", „Gestern Abend hat er noch bei uns am Tisch gesessen.", „Sie war schon lange sehr krank.", „Was, der ist gestorben? Das hab ich nicht gewusst.", oder auch Umschreibungen „Bei mir gegenüber ist wieder ein Zimmer frei geworden." Wir singen ein vertrautes Abschiedslied. „Kein schöner Land" oder ein Lieblingslied des Verstorbenen.

Auch kann es geschehen, dass aus unserer Gruppe jemand verstorben ist, und mich diese Nachricht berührt, für die Gruppe aber gerade keine betroffene oder traurige Bedeutung hat, die Atmosphäre ist fröhlich und gelöst. Sicher ist es nicht meine Aufgabe, in solch einer Stimmung den Verlust des Menschen zum Thema zu machen, aber ich persönlich fühle mich unwohl, würde ich einfach darüber hinweggehen. Dieses kleine Lied hilft mir dabei:

Den Gesang begleite ich nur mit der Gitarre. Als instrumentales Spiel vor, nach und zwischen dem Gesang, eignen sich die ‚Klingenden Stäbe', die entsprechend der Bassreihe im Kreis verteilt werden. Jeder der acht Töne wird somit einzeln von einem Teilnehmer reihum gespielt, die Gitarre kann dieses harmonisch unterstützen und helfen, ein Metrum zu halten. Dabei ist es spannend, die Töne einzeln wirken zu lassen, mit eigentümlichen Längen und unterschiedlichen Lautstärken. Das Metrum hilft, in der Konzentration zu verbleiben, kann aber auch Stress verursachen, wenn es rein technisch schwierig ist und die Hände nicht so schnell reagieren, wie es das Metrum verlangt. Diese Balance kann ich mit dem Spiel auf der Gitarre ausgleichen. Als Begleitung zum Gesang der Gruppe sind die Stäbe im Kreis gespielt nicht geeignet.

## Jesus, I adore you

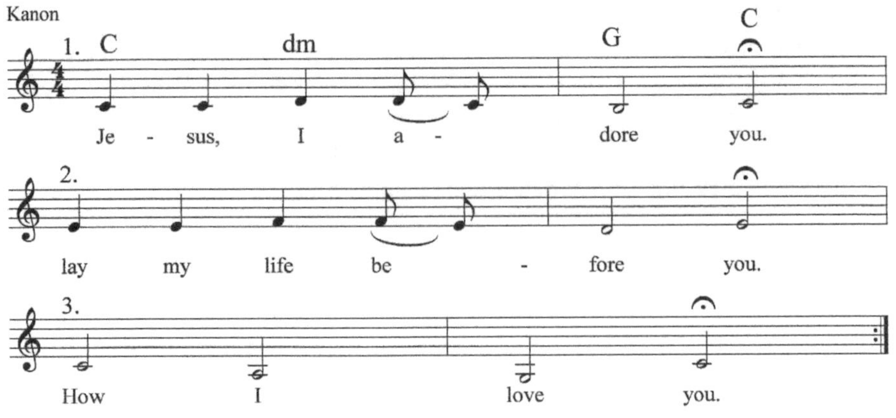


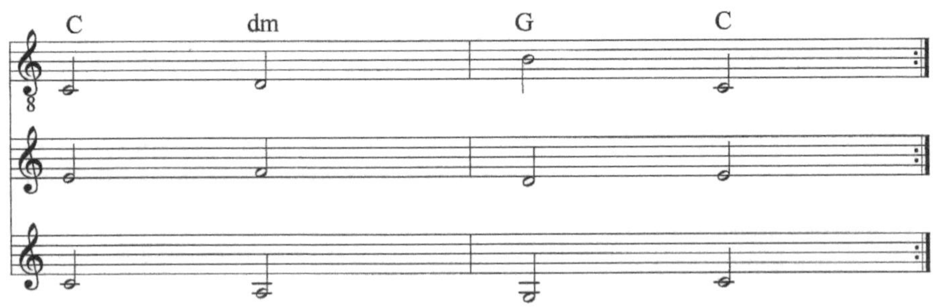

Trotz der englischen Sprache ist dieser Kanon leicht zu erlernen und kommt mit seinem religiösen Hintergrund vielen Menschen sehr entgegen. Auch ist er als Vorlage zum Instrumentalspiel geeignet. Für die Klingenden Stäbe können drei Spieler einzeln oder parallel zusammenspielen. Die Sopran-Stäbe stehen mit einer Auswahl der vorgeschlagenen Töne für einen weiteren Spieler bereit, der über diese Harmonien improvisieren kann.

## Wenn ich ein Vöglein wär

Wenn ich ein Vöglein wär

trad.

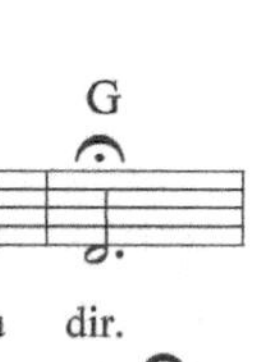

Bei den kleinen Liedern gibt es Momente, in denen der Eindruck entsteht, je reduzierter der Text und die musikalische Begleitung, desto berührender und wirkungsvoller ist der Klang. Besonders bei diesem Lied ist daher die Angabe der 2. Gesangsstimme nur eine Option. „… bleib ich all hier.", die Stille nach diesen Worten ist kostbar und reizt zur Gestaltung. Zwei Beispiele:

Ein Spieler hat den Ton c zu Verfügung, spielt diesen Ton (mit oder ohne Gitarrenbegleitung) so lange, wie er möchte, um dann mit dem h (dieser Ton ggf. auch durch meine Kollegin gespielt) den Übergang für den nächsten Spieler zu eröffnen, der die bereitgestellte Bassreihe erklingen lässt.

Eine andere Möglichkeit bietet eine freie Improvisation auf dem C-Dur-Akkord mit offener Wahl der Instrumente, ob Harfe, ‚Klingende Stäbe' (c, e, g), Rhythmusinstrumente oder Sopran-Stäbe in pentatonischer Auswahl (c, d, e, g, a).

## Sing mit uns, denn Singen befreit

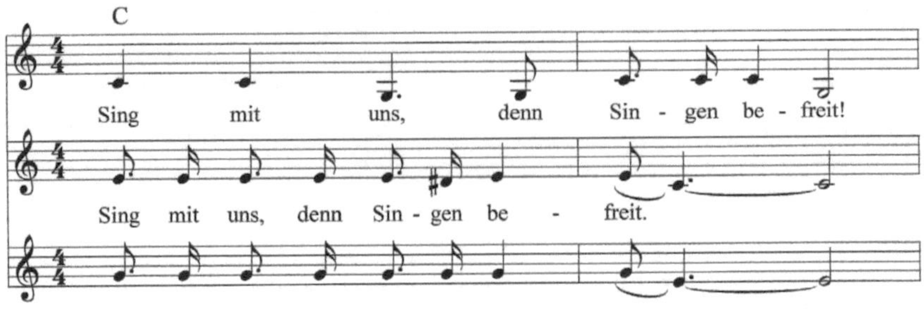

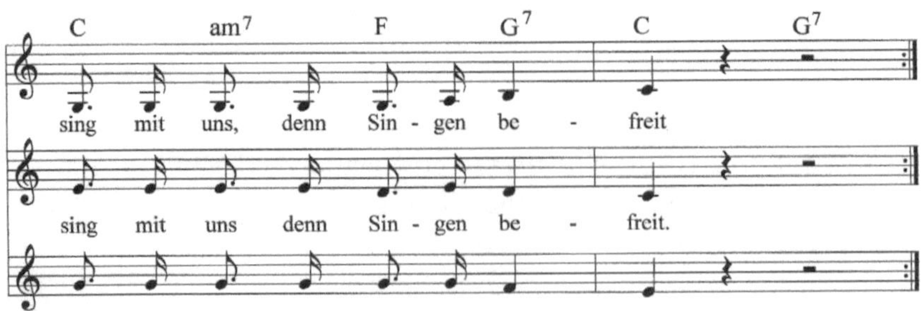

Wir üben ausgiebig die erste Stimme, die Percussions unterstützen auf der 1. und 3. des Taktes unseren swingenden Melodieverlauf. Für die meisten alten Menschen ist die Tonlage der 1. Stimme die angenehmste, wobei diese natürlich eigentlich die Bassstimme ist. Die dritte Stimme habe ich nur aus Respekt vor dem Komponisten mit aufgeführt, für unsere Gruppe sind wir ausreichend gefordert, wenn es uns gelingt, eine Solistin oder eine Solistengruppe für den Part der 2. Stimme zu gewinnen. Auch diese Stimme wird gut eingeübt mit den Sängerinnen, die gerne hoch singen und mit Unterstützung von mir oder meiner Kollegin ihren Einsatz und die Tonlage finden. Als Zwischenspiel eignet sich eine Improvisation eines einzelnen Spielers auf den Sopranstäben mit Begleitung des Klaviers oder der Gitarre, da allen eine Pause vom Gesang und rhythmischer Begleitung gut tut.

Töne zur Improvisation

**Schläft ein Lied in allen Dingen**

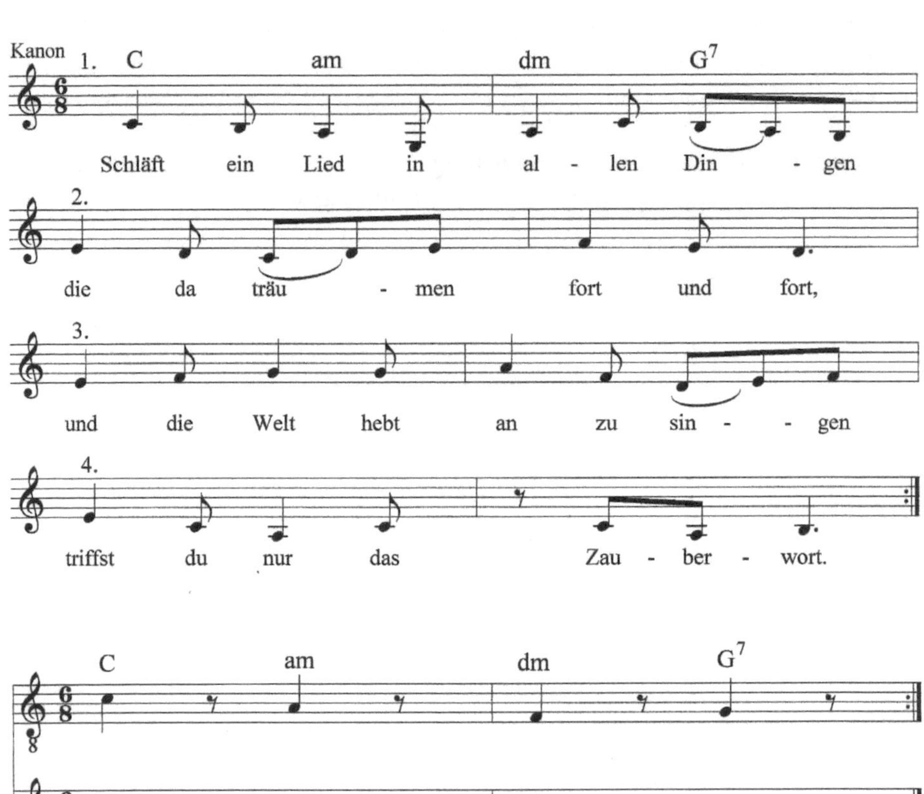


Auch hier ist es möglich, über den Harmonien und Basstönen mit den Sopranstäben und den Tönen aus der C-Dur-Tonleiter zu improvisieren. Wir aber machen uns auf die Suche nach dem Zauberwort bzw. nach dem Zauberklang. Aus der Stille heraus beginnt ein Spieler auf einem Instrument seiner Wahl ein Spiel, einen Zauberklang, und es ist schön, wenn dafür besondere Instrumente (Triangel, Becken oder Monochord) zur Auswahl bereit stehen. Wir lauschen dem Klang und dann erst beginnt das Lied, ggf. untermalt mit den ‚Klingenden Stäben'. Ist das Lied zu Ende, ertönt ein neuer Zauberklang von einem weiteren Spieler.

# 12. Schlusslied und Verabschiedung

Unsere Stunde endet mit einem Lied. Abschied, Aufbruch und die Hoffnung auf ein Wiedersehen. Vielleicht ist es die kämpferische Ausstrahlung dieses italienischen Partisanenliedes der 1930er Jahre, die es so beliebt macht und das gerne mit Instrumenten begleitet wird. Zunächst bestand der Text nur aus dem „Bella Ciao", im Laufe der Zeit kamen verschiedene Strophen hinzu. Zum Ende der Strophen ist ein deutliches Break aller Instrumente entstanden, das uns als Gruppe immer wieder neu zusammenführt.

Bella ciao

Musik: Italien, trad.
Text: Musik-Gruppe im Altenheim

Unsere Stunde ist jetzt zu Ende
oh, Bella ciao ...
unsere Stunde ist jetzt zu Ende,
wir sagen nun Auf Wiederseh`n.

Und nächste Woche seh`n wir uns wieder
oh, Bella ciao ...
und nächste Woche seh`n wir uns wieder
hier in diesem großen Kreis.

Wir werden singen, wir werden tanzen
oh, Bella ciao ...
wir werden singen, wir werden tanzen
und Musik werden wir hör`n.

Wir haben Träume und haben Ängste
oh, Bella ciao ...
wir haben Träume und haben Ängste
und die werden wir hier hör`n.

Wir haben Hunger, wir gehn jetzt essen
oh, Bella ciao ...
wir haben Hunger und geh`n jetzt essen
wir wünschen guten Appetit.

Ich verabschiede mich einzeln von allen Teilnehmern in der direkten Begegnung mit Handschlag, Blickkontakt und einigen Worten oder Gesten. Oft sitzen wir dann noch einige Minuten im Kreis und es scheint, als müsse noch etwas ausschwingen. Das sind sehr kostbare Momente.

„Das war heute wieder eine runde Sache. Ich komme wieder." Mit einem festen Händedruck bekräftigt Herr Ribbert seine Meinung. Andere halten länger meine Hand, ein Lächeln und Blickkontakt, meistens erlebe ich eine sehr zugewandte und dankbare Verabschiedung mit der Aussicht auf das Wiedersehen in der kommenden Woche. Wollte man messbare Werte sammeln, um einen Erfolg dieser Stunde zu definieren, wären vielleicht die Aufrichtung der Körperhaltung, die Festigkeit des Händedrucks, das zufriedene Lächeln brauchbare Parameter. Aber es gibt auch Teilnehmer, die sind erschöpft und müde und hatten dennoch eine erlebensreiche Stunde.

Frau Hörsterkamp macht einen ganz gelösten Eindruck. Ihre verkrampfte Sitzhaltung hat sie aufgegeben, sie spielte heute mit fröhlicher Gelassenheit, traf Entscheidungen und ich dachte die ganze Stunde hinweg, welch gute Entwicklung ihre Teilnahme an der Gruppe genommen hat. Bei der Verabschiedung sagt sie: „Heute ging es schon viel besser mit mir." Schwungvoll steht sie auf und lässt sich von mir zu ihrem Rollator begleiten.

Frau Barell lacht fröhlich, schüttelt meine Hand und ich sage: „Bis nächste Woche, da sehen wir uns wieder!" – „Nein", entgegnet sie, „da bin ich nicht hier. Ich fahre doch weit weg." – „Wohin fahren Sie?", frage ich. „Ich gehe auf Weltreise, wissen Sie das nicht?" Und dann zählt sie die fernen Länder auf, die Nordsee und das Sauerland und ich bin hin- und hergerissen von dem Gefühl der Vorfreude auf die weite Welt und der unfassbaren Sehnsucht nach dem Zuhause, das fehlt. Außer meiner Ratlosigkeit fällt mir nichts ein, womit ich sie und mich trösten könnte. Erst im Nachklang reift eine Idee, die ich ihr vielleicht beim nächsten Mal anbieten könnte, wenn sie von ihrer Reiseplanung spricht. Vielleicht packen wir einen „Koffer" mit einem von ihr gewähltem Lied oder einem ihr lieb gewordenen Instrument, oder auch etwas, von dem ich noch keine Ahnung habe.

# 13. Begegnung im „Hier und Jetzt" oder: Leiten heißt, sich leiten lassen

Mein Handeln ist bestimmt von der Idee, einen lebendigen Kontakt zu ermöglichen. Meine Aufgabe besteht nicht darin, Verhaltensweisen zu formen oder lebensgeschichtliche Konflikte zu lösen. Die geragogische Arbeit, die Begegnung und Begleitung bezieht sich auf das Handeln und Erleben im Hier und Jetzt. Dieses schließt die Vergangenheit und die Zukunft aber nicht aus, beide Zeiten haben Anteil an diesem Erleben. Es ist eine immer wieder neue Herausforderung, sich in den Kontext der Gedanken und Empfindungen demenziell veränderter Menschen hineinzudenken und hineinzufühlen. Das erfordert Übung und die Bereitschaft zur Reflexion, ein Lernen, dass nur in der praktischen Tätigkeit möglich ist, und auch mit den Jahren nicht endet.

Frau Eckstein fragt mich bei der Begrüßung obligatorisch, ob sie schlafen darf. Heute fragt sie mich, was sie dafür bekommt, wenn sie nicht einschläft. „Dann haben Sie einen Wunsch frei, und wenn ich den erfüllen kann, werde ich es tun." Am Ende der Stunde bei der Verabschiedung sagt sie stolz: „Ich bin wach geblieben, darf ich mir was wünschen? Was kann ich mir denn wünschen?" Wir überlegen zusammen, ich rate ihr, etwas zu wählen, was ich auch erfüllen kann. Sie wünscht sich das Lied: ‚Im Wald und auf der Heide'. In der nächsten Stunde kann sie sich an mein Versprechen erinnern und wir singen das Lied, in der Gruppe ist es bekannt und alle haben Freude daran. Frau Eckstein erzählt, wie sie als Kind mit ihrem Vater, der Jäger war, durch den Wald gezogen ist, er hat sie so oft auf die Jagd mitgenommen und das war für sie eine glückliche Zeit. In der darauffolgenden Woche singen wir wieder das Lied und ich greife dieses Bild von der Tochter und dem Jäger noch einmal auf. Entrüstet weist mich Frau Eckstein zurecht. „Mein Vater war kein Jäger, mein Vater war Zimmermann, er hat den Schrank gebaut, der in meinem Zimmer steht."

Ja, vielleicht ist beides richtig, vielleicht sind unterschiedliche Geschichten durcheinander geraten, der Großvater und Vater wurden verwechselt oder Träume vermischen sich mit Realitäten. Es ist nicht wesentlich, ob der Vater nun Jäger oder Zimmermann oder beides war, oder gar zwei verschiedene Väter in der Erinnerung sind. Selbst bei einer Person, die zeitlich über die Stunde und auch über eine Woche solche Erinnerungsleistung zeigt, bin ich dann für einen kurzen Augenblick irritiert und muss mir das „Hier und Jetzt" wieder verdeutlichen. Vielleicht war ich als Person oder etwas anderes in dieser Situation ein Auslöser, der den massiven Widerspruch ausgelöst hat. Wahrscheinlich war in der vergangenen Woche die kindliche Identität präsent, in diesem Moment eher die erwachsene. Es ist nicht sinnvoll, wenn ich von meiner Seite eine Geschichte oder ein biografisches Erlebnis thematisiere, das gerade für den alten Menschen keine Bedeutung hat.

In der Begegnung mit den alten Menschen werden mir verschiedene Rollen zugewiesen. So bin ich für die einen Musiklehrerin oder Chorleiterin, für die anderen Krankenschwester oder eine von den vielen Personen im Haus, die sich kümmern. Darüber hinaus bin ich in verschiedenen Situationen Mutter oder Kind, Schwester oder Freundin, Ratgeberin oder Gegnerin. Eine Frau fasst mir bei der Begrüßung in die Haare und sagt sehr vorwurfsvoll: „Du hättest dich ja ein bisschen zurecht machen können." Da muss ich schmunzeln und mir fällt aus meiner Lebensgeschichte ein, wie real dieser Satz als Jugendliche von mir erlebt wurde, wenn diese Vorhaltung von meiner Mutter kam. Würde mich dieser Satz von meiner Mutter zur Gegenwehr veranlassen, bin ich natürlich in meiner professionellen, erwachsenen Begegnung einfühlend: „Meinen Sie, ich hätte mir etwas Mühe geben können, heute zu unserem Treffen hübsch auszusehen?" Die alte Frau zupft an meinem Pullover, bis er gut sitzt und ich bedanke mich für ihre Hilfe.

Nicht nur für mich sind solche Situationen eine Erinnerung, die mich mit schönen oder unangenehmen Ereignissen meiner Lebensgeschichte konfrontieren, sondern ich werde mit meiner Person eben auch Teil der Auslöser dieser Erinnerungen bei meinem Gegenüber. In dieser Begegnung kann ich einen Beitrag leisten zur Versöhnung. Dieses kann mir nur gelingen, wenn ich die Resonanzen, die in mir entstehen, wahrnehme. Es gibt Situationen, da kann ich nicht schmunzeln, da fühle ich mich hilflos oder unfähig zu einfühlendem Verstehen. So kann ich eine erotische Anzüglichkeit als sexistischen Angriff erleben oder auch als den Versuch eines charmanten Flirts; in politischen Meinungsäußerungen macht mich ein menschenverachtender Inhalt fassungslos oder ich sehe den 14-jährigen HJ-Jungen, der stolz eine Fahne trägt, ein Lied singt und nicht weiß, was er da tut, sich aber stark und wichtig fühlt. Das sind wertvolle Empfindungen, die einen Hinweis über die Bedeutung einer Begegnung geben können. Eine gute Ausbildung, Selbsterfahrung und Supervision sind in dieser Arbeit Voraussetzung bzw. begleitend notwendig. Gut ist es, wenn wir dabei lernen, die Resonanzen, die in uns entstehen, wahrzunehmen, um damit eine Idee davon zu bekommen, welche Intention in dem Verhalten des alten Menschen liegt. Unsere Aufgabe ist es, grundsätzlich das Menschliche zu entdecken, die Kompetenzen, die Ressourcen, die gelernten Muster, die Selbstschutzmechanismen, auf die sich demenziell veränderte Menschen in ihrem Verhalten stützen. Mit Verstehen und einfühlenden Reaktionen werden verletzende Angriffe eher in alternative Verhaltensformen verwandelbar als mit Verweigerung des Kontaktes.

Es ist Weihnachtszeit, wir singen im letzten Teil der Stunde die vertrauten Lieder, Texthefte sind verteilt und Frau Holz wünscht sich immer wieder: ‚Es ist für uns eine Zeit angekommen'. Zweimal wird ihr Wunsch erfüllt. Sie erzählt von ihrer Zeit als Lehrerin und den Liedern, die sie mit den Kindern gesungen hat. Bei der Verabschiedung sagt sie: „Heute hat es mir gut gefallen, aber es wäre doch schön, wenn wir einmal Weihnachtslieder miteinander singen könnten." – „Ja", sage ich, „das ist eine gute Idee." Das Phänomen des schnellen Vergessens ist mir vertraut. In diesem Moment fühle ich mich erschöpft und müde und ich setze mich zu ihr, um nicht einfach darüber hinwegzugehen und mir eine kleine Pause zu gönnen. Frau

Holz hat die Stunde so engagiert mitgestaltet, es fällt mir heute schwer, dieses Vergessen hinzunehmen. Still sitzen wir einen Augenblick beieinander, dann frage ich sie, welches Lied wir denn in der nächsten Stunde singen könnten. Frau Holz wendet sich zu mir und plant wortreich die nächste Stunde, zählt Lieder auf und schlägt vor, doch besser Texthefte bereitzustellen. Sie schafft es, mich zu trösten und mir Mut zu machen. In ihrer mir zugewandten Körperhaltung und Gestik ist sie die erfahrene Lehrerin, die mir, der jungen Kollegin, gute Ratschläge gibt. Zwar könnte sie die Fakten der vergangenen Stunde nicht abrufen, aber die Atmosphäre und die Lieder sind nicht spurlos an ihr vorbeigezogen. Ihre Wahrnehmung meiner Erschöpfung hat ihre Kompetenz aktiviert.

Das musikalische Miteinander ermöglicht Kontakt und Begegnung weit über das Musikalische hinaus. Und es trägt, ohne es zielstrebig darauf zu verwenden, zu Veränderungen, zur Stärkung und zum Selbsterleben bei. Sehr individuell werden diese Erfahrungen gemacht und an einigen dieser Erfahrungen darf ich teilnehmen. Vermutlich gibt es viele solcher Erfahrungen, die ich im Kontext der Gruppe nicht wahrnehme, die nicht zum Ausdruck kommen oder ohne Resonanz bleiben.

Das Singen und Tanzen, das Improvisieren und Musizieren sind Inhalt unserer Stunden. Mit fröhlicher Offenheit und auch ängstlicher Zurückhaltung, mit Neugier und Spielfreude und auch Abwehr und Rückzug, mit sehr einvernehmlichen Klängen und auch chaotischem Durcheinander, „... wie das Leben so spielt." Darüber hinaus üben wir musikalisches Gestalten und unterschiedliche Formen des Zusammenspiels. Dieses Üben ist möglich und trägt zur Erweiterung des gestalterischen Repertoires in den Improvisationen bei. Das künstlerische, musikalische Gestalten erfährt im ästhetischen und emotionalen Erleben seinen Wert. Individuell beim Einzelnen, bei mir als Gegenüber und bei der Gruppe als Ganzes. Dieser Wert ist wichtig und trägt zur Wertschätzung des Selbst, des Gegenübers, der Gruppe und auch der Institution bei. Nach meinem Verständnis steigt der Wert der Musik nicht durch Virtuosität oder Komplexität, sondern durch die Ernsthaftigkeit des Musizierenden und des Hörers und des Selbstverständnisses, das daraus erwächst.

Neben der Wahrung und Unterstützung der Ich-Identität ist das Vertrauen auf eine wohlwollende, wertschätzende und beschützende Umgebung die wichtigste Hilfe, die wir für alte Menschen in der Wohn- und Pflegeheimunterbringung bereithalten müssen. Dieses kann nur im Gesamtkonzept einer Institution und seiner Mitarbeiterinnen und Mitarbeiter möglich werden. Musikalische Gruppenarbeit kann dazu ihren Teil beitragen.

# Dank

Ulla Bolmerg und Anke Flender stehen mir seit vielen Jahren mit ihrer Kompetenz und Erfahrung zur Seite und haben die konzeptionelle Entwicklung dieser musikalischen Gruppenarbeit mit mir auf den Weg gebracht. Ihnen und Sabine Schöne danke ich für die Unterstützung in der Leitung der Gruppen und für die vielen im Hintergrund zu leistenden Arbeiten, die mir als Honorarkraft den Rücken freihalten und das Gelingen erst möglich machen.

Ich danke dem Förderkreis des Achatius-Hauses Wolbeck für die zuverlässige und zunehmende Finanzierung der musikgeragogischen Arbeit und auch die darüber hinausgehende Anerkennung, die mir und meiner Arbeit von den ehrenamtlich Tätigen des Fördervereins entgegengebracht wird.

Prof. Hans Hermann Wickel und Prof. Theo Hartogh ist es gelungen, mit der wissenschaftlichen Begründung der Musikgeragogik eine Professionalisierung der musikalischen Arbeit mit alten Menschen voranzubringen. Dabei bauen sie auf eine enge Verbindung zwischen der Hochschule und den Erfahrungen und Kompetenzen der in der Praxis Tätigen aus der Altenpflege und Betreuung, der Sozialen Arbeit, der Musikpädagogik und der Musiktherapie. Es ist eine Freude zu erleben, mit welcher Kollegialität, Offenheit und Wertschätzung dieses Zusammenwirken möglich ist. Sie haben mich zum Schreiben dieser Veröffentlichung ermuntert und stellen mit dieser Buchreihe ein Forum zur Verfügung, das einen Einblick in die Theorie und Praxis geben soll, um die Entwicklung und Verbreitung tragfähiger Konzepte und Methoden zu fördern. Ich danke Theo Hartogh und Hans Hermann Wickel herzlich für ihr Zutrauen und ihre beratende Unterstützung.

# Quellen

## Literatur

Baer, Udo: Innenwelten der Demenz, Neukirchen-Vluyn 2007

Baer, Udo; Schotte, Gabi: Das Herz wird nicht dement, Neukirchen-Vluyn 2009

Baer, Udo: Wo geht's denn hier nach Königsberg? Neukirchen-Vluyn 2010

Baer, Udo; Frick-Baer, Gabriele: Klingen, um in sich zu wohnen, Neukirchen-Vluyn 2004

Blanckenburg, Albrecht von: Musiktherapie mit Senioren, Idstein 2004

Bright, Ruth: Musiktherapie in der Altenhilfe, Stuttgart 1984

Feil, Naomi; de Klerk-Rubin, Vicki: Validation. Ein Weg zum Verständnis verwirrter alter Menschen, München 2010

Friedemann, Lilli: Einstiege in neue Klangbereiche durch Gruppenimprovisation, Wien 1973

Geiger, Arno: Der alte König in seinem Exil, München 2011

Harms, Heidrun; Dreischulte, Gaby: Musik erleben und gestalten mit alten Menschen, München 2004

Hartogh, Theo: Musikgeragogik – ein bildungstheoretischer Entwurf, Augsburg 2005

Hartogh, Theo; Wickel, Hans Hermann: Musizieren im Alter, Mainz 2008

Jochims, Silke (Hg.): Musiktherapie in der Neurorehabilitation, Bad Honnef 2005

John, Bettina; Theis, Edith: Sitztänze zu Melodien aus aller Welt, Boppard/Rhein 2003

Kastner, Ulrich; Löbach, Rita: Handbuch Demenz, München 2010

Kruse, Edith; Schulze, Christel: Vergnügtes Tanzen im Sitzen, Kiel 2011

Leidecker, Klaus: Lieder und Klänge als Lebenserzählungen, München 2001

Lenz, Martin; Tüpker, Rosemarie: Wege zur musiktherapeutischen Improvisation, Münster 1998

Metz, Johanna: Wort Klang Bewegung, Wiesbaden 2011

Musizieren mit dementen Menschen, Gerontologische Reihe, München, 2010

Muthesius, Dorothea; Sonntag, Jan; Warme, Britta; Falk, Martina: Musik – Demenz – Begegnung, Frankfurt 2010

Menuhin, Yehudi: Worte wie Klang in der Stille, Freiburg 1993

Tischler, Björn; Moroder-Tischler, Ruth: Musik aktiv erleben, Frankfurt 1998

Tischler, Björn; Moroder-Tischler, Ruth: Musik aktiv gestalten, Hannover 2003

Tüpker, Rosemarie; Wickel, Hans Hermann (Hg.): Musik bis ins hohe Alter, Münster, 2009

Wickel, Hans Hermann; Hartogh, Theo: Praxishandbuch Musizieren im Alter, Projekte und Initiativen, Mainz 2011

## Noten und Liedersammlungen

Bossinger, Wolfgang; Neubronner, Katharina (Hg.): Das Buch der heilsamen Lieder, 2010
Feinbier, Hagara: Come Together Songs, Bd. 1, Belzig 1997
Feinbier, Hagara: Come Together Songs, Bd. 2, Belzig 2004
Feinbier, Hagara: Come Together Songs, Bd. 3, Belzig 2011
Führe, Uli: hie und da, Ringelnatz-Chorlieder, Boppard/Rhein 2009
Führe, Uli: Wenn's gut geht, Neue Swing-Kanons, Boppart/Rhein 2010
Haas, Peter Michael: Spiel Akkordeon, Brühl 2000
Hering, Wolfgang, 100 bunte Kanonhits, Esslingen 2010
Lemmermann, Heinz; Torkel, Wilhelm Alexander (Hg.): Allegro, 100 Lieder für offenen Ohren, Boppart/Rhein 2003
Lieder-liches, Alte und neue Songs – nicht nur für Frauen, Liederbuch der KFD, Düsseldorf 1999
Meierhofer, Lorenz; Kern, Walter (Hg.): Sing & Swing, das Liederbuch, Innsbruck/Esslingen 2004
www.volksliederarchiv.de
140 deutsche Schlager der 20-40er Jahre, Burgkunstadt 2000
150 deutsche Schlager der 50er Jahre, Burgkunstadt 2000
150 deutsche Schlager der 60er Jahre, Burgkunstadt 2000
150 deutsche Schlager der 70er Jahre, Burgkunstadt 2007

## CDs

Between Heaven and Earth, Frauke Horn; Swagato Bracher, 1999
Joy of Life, Anne-Marie Grage (Akkordeon), 2003
Tango Time, 12 leichte Tangos für Akkordeon, Myriam Mees, 2004
Tanzhaus, Uli Führe, 2003
Vergnügtes Tanzen im Sitzen, Kruse, Edith; Schulze Christel, 2011

# Anhang

Stimmungen der Tischharfen

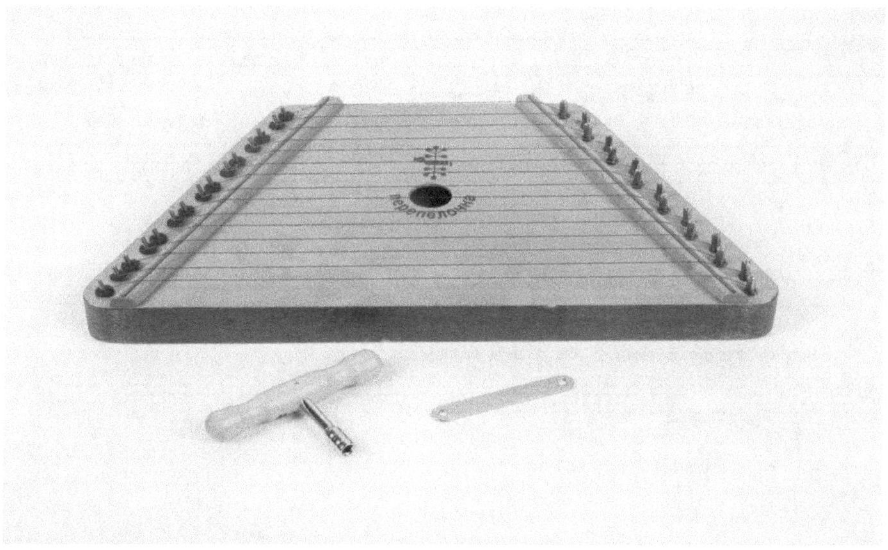

Die Tischharfen haben 15 Saiten und sind von der Herstellung konzipiert für eine diatonische Stimmung von g-g". Bei der Stimmung auf einen Dreiklang ist daher der benachbarte, möglichst der nächst tiefer liegende Ton zu wählen, um die Haltbarkeit der Schrauben im Holz mit der Spannung nicht zu überfordern. Ein chromatisches Stimmgerät und ein guter Stimmschlüssel sind eine gute Hilfe.

C-Dur: c e g  Stimmung der Saiten aufsteigend auf g g c c c e e g g c c c e e g<br>
G-Dur: g h d  g g h h d d d g g h h d d d g<br>
F-Dur: f a c  f a a c c c f f a a c c c f f f<br>
a-Moll: a c e  a a a c c e e e a a c c e e e<br>
e-Moll: e g h  g g h h h e e g g h h h e e e<br>
d-Moll: d f a  f a a d d d f f a a d d d f f<br>
E-Dur: e gis h  gis gis h h h e e e gis h h h e e e<br>
B-Dur: b d f  f b b b d d f f b b b d d f f

Alternative Tonlagen mit den zur Verfügung stehenden Instrumenten.

Bruder Jakob

trad.

Hejo, spann den Wagen an

trad.

## Rumba, wir tanzen alle

Musik: O. Liebert, Motiv aus Barcelona Nights


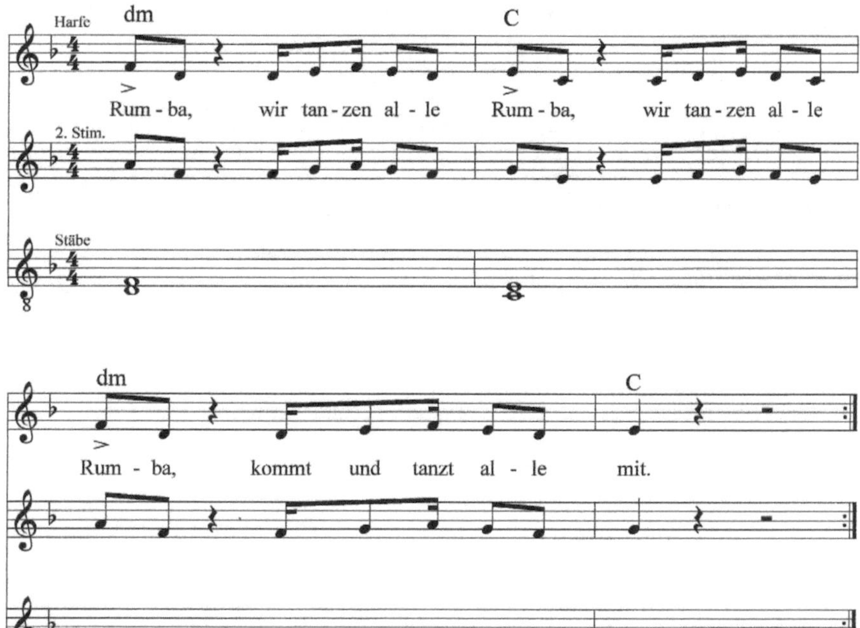


Töne zur Improvisation

# Ruhepause

Musik: Israel, trad.
Text: W. Hering

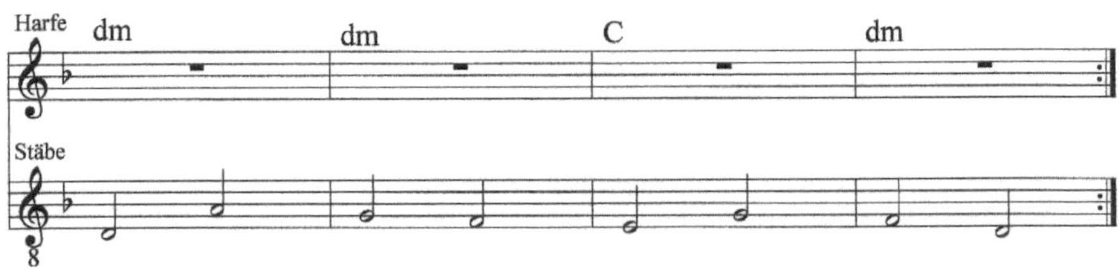


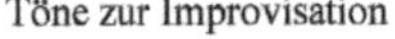

# Bella ciao

Italien, trad.

Musik als Medium
herausgegeben von Hans Hermann Wickel

Band 5

Sibylle Hoedt-Schmidt

## Aktives Musizieren mit der Veeh-Harfe

### Ein musikgeragogisches Konzept für Menschen mit dementiellen Syndromen

2010, 195 Seiten, br., 24,90 €
ISBN 978-3-8309-2279-7

Insbesondere Menschen mit dementiellen Syndromen mangelt es aufgrund ihrer kognitiven Beeinträchtigungen an Ausdrucksmöglichkeiten – aktives Musizieren kann als Instrument der Biographiearbeit sowie als Ausdrucksmittel dienen, diesen Mangel zu beheben. Aber auch für Angehörige bietet Musik Gelegenheit, fernab der belastenden Pflegesituation mit den Betroffenen in Kontakt zu treten.

In ihrer Arbeit mit Demenzkranken hat Sibylle Hoedt-Schmidt die Veeh-Harfe, die leicht zu erlernen ist, als Instrument genutzt. In dieser Publikation dokumentiert sie detailliert den Unterrichtsverlauf einzelner Teilnehmer und bietet somit eine empirische Basis zur Bewertung des Nutzens musikgeragogischer Arbeit.